팀장에게
주어진
10번의 기회

KB194883

팀장에게 주어진 10번의 기회

DAILY CRISIS

백종화 지음

planb
DESIGN

리더십은 학습하는 것이 아니라, 경험하는 것이다

안녕하세요. 리더의 성장을 돕는 백종화 코치입니다.

많은 리더가 리더십을 공부합니다. 스킬을 배우고, 회사에서 진행하는 리더십 강의를 들으면서 조금이라도 완벽에 가까운 리더가 되려고 노력합니다. 그런데 리더십이 학습으로 성장시킬 수 있는 걸까요? 만약 공부로 리더십이 고양된다면 세상의 모든 리더는 탁월한 리더가 되었을 겁니다. 안타깝게도 현실은 따르고 싶은 리더보다 두 번 다시 만나고 싶지 않은 리더가 훨씬 많습니다. 리더와 함께했던 수많은 시간이 긍정적이기보다는 부정적 경험으로 가득 차 있기 때문이죠.

업무를 전단지 나눠주듯이 던지는 리더, 일을 제대로 하지 않는 선배 팀원에게는 피드백조차 없으면서 열심히 노력하는 후배들에게만 일을 몰아주는 리더, 상사에게는 한마디 불평 없이 주는 일을 모두 받아오는 리더 그리고 모든 성공은 자신이 가져가고 실패의 책임을 팀원들에게 전가하는 리더 등등 다양한 행동들로 상황을 어렵게 만드는 리더가 현실에는 많이 있습니다.

조직에서 한 명의 탁월한 리더를 양성하는 데는 많은 노력과 시간이 필요합니다. 그리고 리더가 성장하기 위해서는 스스로 다양한 상황을 직접 경험해야 하죠. 리더의 스킬을 공부하는 것이 아니라, 변화무쌍한 상황에서 나의 역할은 무엇인지를 고민하며 어떻게 대처할 것인가를 준비하고, 실제 그 상황에서 어떤 말과 행동을 할지 연습해야 하는 것입니다. 리더가 모든 순간에 가장 좋은 행동을 보일 수는 없지만, 그 순간의 선택 중에서 가장 탁월한 행동들을 조금씩 늘려가야 합니다.

『팀장에게 주어진 10번의 기회』는 성과 관리, 팀 빌딩, 팀원 육성, 시니어 팀원과 MZ 세대 팀원과의 협업과 같은 일상에서 만나는 다양한 리더십의 실패를 말합니다. 그런데 역으로 보면 리더가 마주하는 여러 가지 고비는 '기회'가 되기도 합니다. 팀원이 일의 목적을 이해할 수 있도록 업무를 부여하고, 부정적 행동을 반복하는 팀원에게 긍정적인 영향을 주는 행동을 피드백 해 주고, 자신에게 기대하는 역할과 과업을 명확하게 이해하지 못하는 팀원에게 '일의 의미와 성과를 내는 업무 방식'을 공유할 수 있는 기회가 되거든요.

물론 책의 내용과 동일한 방법으로 적용하지 못할 수도 있습니다.

회사마다 특징이 있고, 리더와 팀원들의 성격도 다를테니 말입니다. 그런데 정답은 아니지만, 제가 안내해 드리는 방법을 한번 읽어보시고, 각자에게 적용 가능한 방법을 찾아보는 시간이 되었으면 좋겠습니다.

누구든 처음 팀장이 되면 팀원에게 인정받고 싶어 합니다. "새로운 팀장이 와서 팀의 성과도 올랐고, 팀원들의 의욕도 상승하였다"는 말이 듣고 싶은 것이죠. 또 연말이 되면 팀장은 회사와 구성원들로부터 평가를 받습니다. 그중 하나는 '성과'이고, 다른 하나는 '리더십'입니다. 하지만 열심히 한 만큼 결과가 나오지 않습니다. 성과도, 리더십도 내 마음대로 되지 않거든요.

한번은 IT 기업의 리더분들과 그룹 코칭을 하고 있을 때였습니다. 한 조에 4~5명의 리더들과 함께했는데, 유독 2명의 리더가 서로 대비되는 상황에 처해 있었습니다. A리더는 이렇게 말합니다.

"저희 팀은 성과가 안정적입니다. 그래서 조금 걱정이에요. 성과도 예상대로 나오고 있고 9명의 팀원 중에도 주니어들이 많아서 적극적인데, 너무 성과가 잘 나오다 보니 새로운 비즈니스를 준비해야 한다는 위기의식이 커지지 않습니다. 현재의 작은 성공에 나태해질까 봐 두려워요."

B리더의 고민은 이렇습니다.

"저희 팀은 팀원들이 15년 차 이상의 시니어라 알아서 일을 하는 편입니다. 그런데 팀의 목표가 '회사의 다음 성장 엔진을 찾는 일'인데, 새로운 먹거리를 찾는 도전이 쉽지 않습니다. 팀원들 각자가 자신만의 경험이 있다보니 새로움에 도전하는 것을 어려워하거든요. 계속 변화해야 하는데 답을 모르겠어요. 고집있는 시니어 팀원들을 어떻게 이끌어야 할지도 고민이네요."

구성원도 상황도 달랐지만 같은 직무를 가진 리더의 고민은 똑같았습니다. '어떻게 하면 더 성과를 낼 수 있을까?'와 '어떻게 하면 구성원들과 더 원활한 관계를 형성할 수 있을까?'입니다. 만약 내가 팀장이라면 어떻게 해야 할까요?

처음 팀장이 됐을 때, 어떻게 해야 할지 몰라 두려움이 앞서기도 하고, 팀장에 적응하기 전에 팀원의 사표를 받는 팀장도 있습니다. 팀장 2년 차가 되면 1년 차 때의 고민은 고민의 축에 속하지도 않습니다. 해결할 수 있는 익숙한 고민과 달리, 이때부터는 이전에 보이지 않던 새로운 문제들이 터지기 시작합니다.

저 또한 그런 경험들을 겪었습니다.

돌이켜보면 팀장이 어려운 이유는 다른 데 있지 않습니다. '내가 다 해결해야지, 내 생각이 맞을 거야. 내가 팀장이라는 걸 증명할 거야.' 그리고 '내가 다 알고 있어야 해.'라는 과도한 팀장의 열정 때문입니다. (1행 줄여주세요~)

중요한 것은 '리더'는 스스로 성과를 내는 사람이 아니라 '다른 사람을 통해 성과를 만들어 내는 사람'이라는 겁니다. 즉, 팀의 목표 달성을 위해 팀내 인재들에게 알맞은 업무를 맡겨서 그 일을 성공하도록 만드는 게 리더라는 의미이죠.

팀장은 팀원들에게 영향력을 행사할 수 있는 권한이 주어집니다. '그 권한을 어떻게 사용할 것인가? 그 영향력을 어떤 행동으로 보여줄 것인가?'와 같은 질문에 대한 대답과 행동을 해야 하는 것이 바로 팀장의 리더십입니다.

누군가는 '리더는 성과만 내면 되는 것 아니냐'고 반문합니다. 하지만 저는 그렇게 생각하지 않습니다. 당장 여러분의 회사를 떠올려 보세요. 성과를 잘 내고, 인정받는 팀장 외에도 다양한 리더들이 성과로 판단하기 어려운 과업을 하고 있습니다. 구성원들이 성장할 수 있도록 돕는 팀장, 협업을 잘 이끌어내는 팀장, 동료와 상사에게 인사이트를 주는 팀장 등등 다양하죠. 누가 더 탁월한 팀장일까요? 리더십에 정답은 없습니다. 어떻게 하면 좋은 팀장으로 인정받게 되는지 정답을 알 수 없는 것이 리더십이기에 많은 팀장이 두려움을 마주할 수밖에 없습니다.

이 책은 조직의 성과와 함께 팀원의 성장과 성공을 돕는 중간관리자 팀장들을 위한 책입니다. 팀장들이 일상에서 자주 마주하는 결정적인 위기의 순간Critical Moment들을 찾고, 그 속에서 팀장들이 가져야 할 가치관과 방향, 그리고 의사 결정 방법, 팀원들과의 소통 방법과 기준들을 알려드립니다. 위기가 아닌, 기회의 리더십을 제안해 드리는 책이죠. 2012년 코칭 자격을 취득한 이후 지금까지 1800시간 이상 대기업과 스타트업 리더들을 코칭하며 알게 된 '팀장들의 결정적 순간'에 대한 가이드라고 생각하시면 됩니다.

팀장은 팀원들과 수많은 시간을 함께해야 합니다. 팀장의 행동과 한마디의 말로 팀원들의 경험과 능력은 때론 긍정적으로 때론 부정적으로 달라집니다. 저는 팀장이라는 타이틀을 달았을 때부터 직원들을 평가하며 팀장에게 주어지는 10번의 위기와 이를 기회로 만드는 팁을 기록했습니다.

물론 이 책의 내용이 정답이 될 수는 없을 겁니다. 하지만, 처음 팀장이 되는 분들이나 전에는 경험해 보지 못했던 당황스러운 상황을 처음 맞닥뜨리는 팀장에게는 조금 더 나은 방법을 알려드릴 가이드이자, 이전의 내 행동보다 조금 더 나은 방법을 찾는 사례집이 될 수 있을 것이라 생각합니다. 그리고 다양한 결정적 기회의 순간을 반복하다 보면 팀장 개개인은 자신만의 기준과 원칙, 그리고 말과 행동을 구조화할 수 있을 겁니다. 독자들에게 보다 나은 리더십을 위한 참고서가 되길 바라봅니다.

저자 백종화

차례

1장

생애 첫 팀장에게 찾아온 첫 번째 기회

팀장이 갖는
두 가지 두려움

모든 팀장이 두려워하는 시간이 있습니다. 바로 처음 팀장이 되었던 순간이죠. 팀장이 되면 인정받았다는 생각에 즐거울까요? 연봉이 2배 이상 올라갈까요? 큰 권한보다 더 큰 책임이 주어지는 팀장, 그렇기에 팀장은 피할 수만 있다면 피하고 싶은 직책이 되어가고 있습니다. 그러다보니 처음 팀장이 되었을 때 마냥 반갑지만은 않습니다. 먼저 두려움이 몰려오기 때문이죠.

팀장들이 가장 많이 직면하는 두려움은 두 가지입니다.

첫 번째 두려움 :
'성과를 내지 못하면 어떻게 할 것인가?' (무능력한 팀장 ver.)

팀장이 느끼는 두려움의 첫 번째는 '내가 팀장이 되고 나서 팀의 성과가 떨어지면 어떡하지?'입니다. 이 두려움에 빠지게 되면 본인이 팀장이 되기 전의 성과와 현재 자신의 성과를 비교하게 되고, 되도록이면 이전 팀장이 하던 방식이 아닌 새로운 방식으로, 일하는 방법과 프로세스를 바꾸려고 노력하게 됩니다. 이전 팀장의 성과와 성공 히스토리를 모두 지우려고 하는 것이죠. 그렇게 자신의 건강이나 환경을 고려하지 않고 야근과 몰입이라는 두 가지 키워드로 성과에 집착하는 모습을 보이는 팀장이 되어버립니다.

모든 직장인이 '자신의 성과'를 고민하지만, 팀장이 고민하는 성과에 대한 두려움은 더 클 수밖에 없습니다. 내 성과가 아니라, 팀의 성과가 팀원들의 평가와 승진, 보상에도 영향을 준다는 것을 알기 때문이죠. 나 혼자 나쁜 평가를 받는 것과 나로 인해 팀원들까지 나쁜 평가를 받게 하는 것은 큰 차이가 있습니다. 이런 책임의 크기만큼 두려움의 크기도 커질 수밖에 없습니다.

두 번째 두려움 :
'비호감 리더가 되면 어떻게 할 것인가?'(외로운 팀장 ver.)

팀장과 팀원의 가장 큰 차이는 바로 '영향력'입니다. 팀원 간에는 서로 솔직한 이야기를 주고받을 수 있습니다. 팀의 과업도 그렇고, 팀장과 회사에 대한 이야기도 편하게 주고받을 수 있죠. 팀장 또한 얼마 전까지 그런 무리 속에서 대화를 나누며 친밀감을 형성해 왔을 겁니다. 그런데 어느 날 팀장이 되고 나니 갑자기 외로워졌습니다. 이때부터는 필사적으로 외톨이가 되지 않으려고 노력하는 자신을 발견하게 됩니다. 함께 식사하는 걸 부담스러워하는 팀원들의 모습을 보거나, 자신이 등장하면 신나게 웃고 있던 팀원들이 갑자기 조용히 자기 자리로 돌아가는 모습을 보며 '불편한 나'를 떠올릴 수밖에 없거든요. 심지어 이전까지 가장 친했던 동료가 이제는 나를 멀리하는 듯한 느낌을 받는 순간, 이 두려움은 절정에 달합니다.

아이러니하게도 팀장은 외로움을 느끼는 순간, 팀원들과 더 멀어지는 행동을 합니다. 주로 다른 팀장들과 식사를 하거나 막간의 커피챗 시간을 거르는 경우가 자주 있다 보니, 팀원들과의 대화 시간이 줄어들고, 일부러 친근한 척 농담을 던지고, 쿨한 척하는 '괜찮아 남발병'에 걸려 팀원들을 불편하게 만들기도 합니다. 때로는 싫은 소리는 절대 하지 않는 '착한 팀장 콤플렉스'에 빠지기도 합니다. 팀원들에게 나의 외로움을 들키지 않으려는 팀장의 안타까운 노력이죠.

팀장만 두려움을 느끼는 건 아니다

처음 팀장이 됐을 때 가장 중요하게 관리해야 하는 행동이 있습니다. '점령군이 되지 말아야 한다'는 것이죠. 생각해 봅시다. 팀장도 두려움을 느끼겠지만, 새로운 팀장을 맞이하는 팀원들도 그들만의 두려움이 있지 않을까요? 팀원들은 '새 팀장은 어떤 사람일까? 뭘 잘할까? 날 인정해 줄까? 힘들지는 않겠지? 인성이 나쁜 사람이면 어떡하지?' 등 수많은 고민과 걱정을 하게 됩니다.

팀원들이 작은 두려움을 가지고 있을 때 새로운 팀장이 "왜 이렇게 일을 하고 있었어요? 이 방식은 맞지 않는 방법인데, 지금부터 제가 알려주는 방식으로 일을 하도록 하죠."라며 지적부터 시작한다면 어떤 일이 생길까요? 이는 실제 현장에서 자주 발생하는 상황입니다. 특히, 외부에서 경력으로 입사한 팀장의 경우나 다른 팀에서 이미 팀장으로 일을 하다가 부서 이동을 한 팀장의 경우에 이런 상황이 더 자주 보이죠. 이 행동들은 바로 위에서 언급했던 성과에 대한 두려움을 느끼는 팀장들이 자주 하는 실수입니다.

신임(경력/신입) 팀장에게 이 행동들은 잘못된 방법을 찾아 해결하기 위한 것이지만, 이전부터 이 팀에 있었던 팀원 입장에서는 지금까지 나름의 방식대로 노력하며 성과를 만들어 왔는데 새로운 팀장이 오자마자 지적하며 자신의 노력을 부정하는 것일 뿐입니다.

그렇게 시작부터 갈등이 생기게 되면 이후로 팀장의 영향력은 상당히 약해집니다. 아무리 맞는 말을 하고, 탁월한 제안을 해도 팀원들은 안 되는 이유, 못하는 이유를 만들어서 반대하고 말거든요. 이런 상황이 생기는 가장 큰 이유는 무엇일까요? 이 역시 '팀장의 두려움' 때문입니다. 성과에 대한 두려움으로 인해 내가 알고 있는 방법으로 문제를 해결하려 하는 것이죠.

그렇다면 두려움을 느끼는 팀장의 유형을 구분해 보면 두려움에서 벗어나는 방법도 쉽게 찾을 수 있지 않을까요? 그 유형은 크게 4가지로 구분해 볼 수 있습니다.

두려움에 빠진 팀장의 행동

1. 침략자 팀장

외부에서 이미 리더였고 경력으로 입사한 팀장이 자주 보이는 유형입니다. 이전 회사에서의 성공 방법이 정답이라고 생각하며, 우리 회사에 오자마자 시스템과 일하는 방식을 모두 바꾸려는 경향을 보입니다. 자주 사용하는 말은 "왜 이렇게 하고 있어요?", "이 방법은 잘못된 방법이에요"라며 틀린 것만 찾아내는 팀장입니다.

2. 정복자 팀장

이미 성공 경험이 있는 옆 부서에서 넘어온 팀장 유형입니다. 우리 팀의 일하는 방식, 제품과 서비스에 대한 이해가 부족한데도 자신이 다 알고 있다며 '무조건 내 말 대로 하라'는 팀장입니다. 침략자 팀장과 다른 점은 우리 회사에 자신만의 네트워크가 있어서 구성원들이 다른 의견을 내는 것이 더 어렵습니다.

3. 벼락부자 팀장

하루아침에 발탁된 팀장입니다. 어제까지 동료였다가 갑자기 팀장이 되면서 호칭을 바꾸고, "'제가 팀장입니다.", "이제부터는 내가 결정합니다."라는 말을 자주 사용하며 팀원들과 거리를 두는 행동을 하려고 합니다.

4. 유약한 팀장

눈치 보는 초보 팀장입니다. 자신이 팀장으로 경험이 부족하다는 것을 과도하게 드러내며 팀원들 눈치를 보다 자신의 의견을 제대로 말하지 못해 의사 결정이 지연되는 경우가 자주 발생합니다. 특히, 임원이 주는 과업이나 협업 부서의 제안을 거절하지 못해 다 받아주다 보니, 팀원들의 업무가 과부하에 걸리는 경우를 자주 만들어 냅니다.

가장 어렵고도 불쌍한 요즘 팀장

새롭게 발탁된 팀장이 두려움에 빠지는 또 다른 요인은 바로 '솔직한 구성원'입니다.

요즘 팀원들은 다양한 니즈를 가지고 있습니다. 10년 전처럼 팀장이 의사 결정을 하고, 팀원은 실행만 하는 분위기가 아닙니다. 요즘 팀원들은 자신의 의견을 솔직하게 이야기하고, 자신이 알고 있는 지식과 경험이 정답이라고 느끼는 세대입니다. 그래서 요즘 팀장들은 그 어떤 시대보다 더 어려운 역할을 담당하고 있습니다. 위로는 아직까지 리더십 변화의 필요성을 많이 느끼지 못하는 CEO와 임원들의 지시를 받으면서, 아래로는 새롭게 등장한 Z세대들의 '나에게 맞춰줘'라는 개별화된 니즈Needs를 얼라인해야 하기 때문입니다.

또 과거 팀장의 리더십은 팀 내에서만 공유되었지만, 이제는 팀원의 SNS에 가감 없이 올라가는 상황이 되어버렸습니다. 팀원들이 자신의 팀장에 대해 좋은 이야기, 나쁜 이야기를 스토리로 남기는 시대가 된 것이죠. 이처럼 변하지 않는 구시대 상사와 강한 개성으로 좀처럼 굽히지 않는 Z세대의 팀원 그리고 언제 어디에서 나의 말과 행동이 노출될지 모르는 개방적 환경에 대한 두려움을 가지고 팀장의 역할을 해야 하는 세대가 바로 지금의 팀장들입니다.

'팀장 포비아'는 조직 내에서 팀장이나 관리자가 되기를 꺼리는 현상입니다. 이는 리더십 역할에 대한 부담과 책임이 증가하는 반면, 권한과 혜택은 감소하는 경향이 원인으로 지적됩니다.

2024년 LG 경영 연구원에서 발행한 〈강한 중간관리자가 조직의 미래를 결정한다〉에 따르면 중간관리자의 절반 이상이 업무 부담으로 인해 번아웃을 호소하고 있으며, 구성원 사이에서는 관리자가 되기를 꺼리는 '리더 포비아Leader Phobia' 현상이 확산되고 있다고 지적했습니다. 몇 가지 내용을 더 추가해 보면 이렇습니다.

1. 임원 등 경영진과 실무진을 연결하는 중간관리자는 주로 임원급 조직 산하에서 실무팀을 이끄는 팀장 등 부서장을 뜻한다. 조직의 허리에 비유되는 이들은 현장에서 구성원 업무 몰입Engagement의 70%를 좌우하며, 부서원들의 성과와 생산성은 물론 인재 유지에도 매우 큰 영향을 미친다.
2. 중간관리자에 대한 기대가 커지면서 이들의 업무가 급격히 늘고 있고, 중간관리자의 절반 이상(53%)은 번아웃까지 호소하고 있다.

3. 최근 맥킨지 보고서에 따르면, 중간관리자들은 업무 시간의 약 절반 (49%)을 핵심 역할과 거리가 먼 단순 행정업무(법인카드 및 지출관리, 단순 승인 등) 또는 현장 인력 부족을 메우기 위한 실무 작업에 소모하고 있는 것으로 나타났다. 이 보고서는 이러한 현상을 조직이 가장 중요한 자원인 중간관리자를 낭비하는 것이라 규정했다.

4. 필요한 역량을 쌓지 못한 채 책임을 맡게 되는 중간관리자들이 많다는 것도 문제이다. '가트너Gartner(기업들이 더 나은 의사 결정을 내릴 수 있도록 인사이트를 제공해 주는 글로벌 리서치)' 조사에 따르면 중간관리자가 팀을 성공으로 이끌 수 있는 역량을 지니고 있지 못하다고 평가하는 구성원이 절반을 넘는다.

5. 장기적으로 이러한 현상은 미래 경영진 육성 문제로 이어질 수 있다. 중간관리자는 현재 조직 성과를 좌우할 뿐만 아니라 미래의 경영자 후보이기 때문이다.

요즘은 팀장의 작은 말실수 하나도 구성원들의 불만과 불평으로 이어져 그들의 SNS에 노출되고, 심지어 얼굴도 본 적 없는 타부서 사람들에게 나쁜 리더로 낙인찍히는 현실이 되었습니다. 우리는 어쩌면 요즘 팀장에게 성과 관리가 아닌, 인기 관리를 요구하는 것은 아닌지 생각해 봐야 하지 않을까요? 이런 이유로 현시대 가장 어렵고도 불쌍한 직책은 바로 팀장입니다. 하지만 저는 '가장 어려운 자리가 가장 중요한 자리'라고 말합니다. 그리고 이 고난을 이겨낼 리더십을 배우고, 익숙하게 사용할 수 있다면 어쩌면 지금 시대에 가장 강력한 리더십을 갖춘 리더가 되지 않을까, 생각합니다.

이제 팀장이 두려움을 극복하는 몇 가지 대안을 공유해 보겠습니다. 팀장마다 회사의 문화와 과업이 다르고 팀장의 성격과 팀원들이 다르기 때문에 동일한 패턴으로 적용하기는 어려울 수 있겠지만, 작게라도 내가 실행해 볼 수 있는 적용점을 찾아보시면 좋겠습니다.

팀장은 팀을 운영하면서 다양하고 중요한 상황에 놓이게 됩니다.

처음 리더가 되었을 때, 팀원이 처음 조직에 합류할 때, 새로운 과업을 부여할 때 뿐만이 아니라 자신보다 나이와 경력이 많은 팀원과 일을 하는 순간, 연말 평가와 피드백을 할 때 등 다양한 상황을 맞닥뜨릴 때 리더십의 평가를 받게 되는 것이죠.

팀장의 중요한 상황을 우리는 중요한 순간, 'Critical Moment'라고 부릅니다. 그런데 이 순간은 위기의 순간이 되기도 하지만, 기회의 순간이 되기도 합니다.

리더가 어떤 마인드 셋을 가지고 어떤 말과 행동으로 팀원과 대화를 나누느냐에 따라 팀원이 긍정적 또는 부정적 행동으로 반응한다는 것이죠. 저는 이러한 중요한 순간을 경험하며 리더 자신만의 기준과 원칙, 말과 행동을 정하는 것이 리더십이라고 생각합니다.

스킬을 배우는 것이 아니라, 상황과 사람에 맞게 리더가 어떤 기준에서 말하고 행동하는가를 스스로 정하는 것이죠. 이제 팀장이 팀을 운영하며 자주 만나는 상황들을 공유하며 제가 생각하는 대안을 제안하겠습니다. 정답이 될 수 없겠지만 다양한 관점에서 읽어 보시고 도움이 되는 부분을 내 리더십으로 적용해 보면 어떨까요?

생애 첫 직책자가
되었습니다

Critical Moment

김 팀장은 이번에 생애 첫 직책자로 A 팀의 팀장이 되었습니다. 그러나 기쁨은 잠시뿐, A 팀은 팀원 변동은 전혀 없는 상태에서 팀장만 교체가 된 케이스입니다. 팀장에게는 팀 업무 파악도 급선무이나, 그보다 중요한 것은 팀원들과의 소통이었습니다. 주변 팀장들을 보니 팀원들과의 관계와 소통에 많은 어려움을 겪고 있었습니다.

이에 김 팀장은 구성원에 대한 정보를 파악하고, 구성원들과 소통을 어떻게 해나가야 할지에 대한 고민과 부담을 느끼는 상황입니다.

팀원은 팀원대로 '새로 오는 팀장이 어떤 사람일까? 일은 얼마나 잘하시는 분일까? 힘들거나 불편한 스타일은 아니겠지?' 등등 새 팀장이 오기 전 많은 걱정을 했다고 합니다.

이처럼 구성원들은 기존 그대로이고, 팀장만 새롭게 위치한 상황에 김 팀장이 내부에서 발탁된 것인지, 외부에서 발탁된 것인지에 따라 달라지겠지만, 신임 팀장이라면 공통적으로 세 가지 관점을 가지는 것이 중요합니다.

바로 **팀원 관점, 상사 관점, 협업 부서 관점**입니다.

먼저 가장 중요한 것은 '**팀원 관점**'입니다. 팀원들은 앞서 설명한 것처럼 '팀장이 어떻게 조직을 운영할 것인가?'에 가장 큰 관심을 갖습니다. 이때 팀장이 팀을 어떻게 운영할 것인가를 정하기 위해서는 두 가지가 필요합니다. '조직이 나와 우리 팀에 기대하는 것'과 '구성원들이 가진 역량을 파악하는 것'입니다.

이를 위해 **팀원, 협업 팀장 그리고 상사와의 원온원**을 제안합니다.

첫 번째, '**팀원과의 원온원**'입니다. 이때 업무적인 관점에서 팀원을 이해하는 것이 가장 중요합니다. 그래서 첫 번째로 팀의 상황, 히스토리, 상품과 서비스 그리고 비즈니스 프로세스를 이해해야 하고, 두 번째로 함께 일하는 구성원들의 강점과 약점을 파악해야 합니다. 마지막으로 팀장이 자신을 조금 더 세부적으로 소개하며 팀원들과 친밀한 관계 형성을 위해 노력하는 것입니다. 이 목적을 달성하기 위해 저는 두 번의 원온원을 제안합니다. 이유는 간단합니다. 어색한 시간이 조금 지나고 두 번째 원온원을 하게 되면 팀원들이 조금 더 깊은 이야기를 하기 때문이죠.

첫 번째 원온원에서 제시할 질문은 7가지입니다.

1. ○○님에 대해 이야기해 주실 수 있으세요? 강점, 약점, 꿈, 좋아하는 것, 싫어하는 것 모두 괜찮아요.

2. ○○님이 볼 때 기존 팀에서 좋았던 것은 무엇인가요? 개선할 점은 무엇 이라고 생각하세요?

3. ○○님이 생각하는 팀의 목표는 무엇인가요? 그 목표를 달성하기 위해 ○○님의 과업은 무엇이고, 어떤 기여를 하고 있었나요?

4. ○○님에게 리소스 제한이 없다면 꼭 하고 싶은 것과 이루고 싶은 것은 무엇인가요?

5. ○○님이 생각하는 우리 팀의 강점과 약점에 대해 이야기해 주세요.
(Product(제품), People(직원), Place(판매 채널), Price(가격), Promotion(홍 보와 광고), Service(서비스), Competitor(경쟁자) 등)

6. 팀 내에서 바뀌지 않았으면 하는 것은 무엇인가요? 반대로 꼭 바뀌었으 면 하는 것은 무엇인가요?

7. 팀장에게 기대하는 것은 무엇인가요? 제가 도와줬으면 하는 것은 무엇인 가요?

두 번째 원온원은 팀원 입장에서 조금 더 깊게 생각하고 이야기 할 수 있는 주제여야 합니다. 과업에 대한 토론, 다음 커리어에 대 한 고민들이 이에 해당합니다. 두 번째 원온원은 첫 번째 원온원 후

1~2주 뒤에 해 보면 좋습니다. 이 정도 시간이 지나면 팀원들도 팀장에 대해 조금 더 알아가는 단계가 되어 더 많은 정보를 공유하기 시작합니다.

다음은 두 번째 원온원에서 제시할 질문입니다.

1. ○○님이 팀에서 잘할 수 있는 일은 무엇인가요?
2. ○○님이 팀에서 하고 싶은 일(좋아하는 일)은 무엇인가요?
3. ○○님이 하기는 싫지만, 주어지면 할 수 있는 일은 무엇인가요?
4. ○○님이 절대 하고 싶지 않은 일은 무엇인가요?

원온원을 할 때 준비를 잘 해오는 팀원도 있고, 준비가 안 된 팀원도 있을 수 있습니다. 저는 팀장들에게 기회는 평등하게 주고, 시간은 요령껏 사용하시라고 말씀드리고 싶습니다. 이 말은 즉, 팀원들에게 원온원의 시간을 동일하게 주되, 준비를 잘해 온 팀원에게 팀장의 시간을 최대한 사용하라는 의미입니다.

만약 준비를 안 해온 팀원이 있다면 한 번 정도는 더 기회를 주셔도 좋습니다. "이렇게 대화하는 부분이 어색할 수도 있을 거라 생각해요. 그래도 꼭 필요한 부분이니 내일 다시 이야기를 할 수 있게 준비 부탁드릴게요."라고 전해 보세요. 그런데 다음에도 준비를 안 해온다면 "제가 ○○님에 대해서 모르면 ○○님을 도와드릴 수가 없어요. 이야기할 준비가 된다면 ○○님이 먼저 원온원을 요청해 주세요."라고 말씀드리라고 합니다. 이는 원온원 대화의 주도권을 팀원에게 넘겨주기 위함입니다. 원온원은 함께하는 대화이지, 팀장 혼자하는 것이 아니기 때문입니다.

두 번째는 '**협업 팀장과의 원온원**'입니다.

협업 부서에서 우리 팀에 기대하는 부분을 찾을 때 제시할 질문은 크게 4가지입니다.

1. 협업 부서 입장에서 볼 때 우리 팀의 강점은 무엇인가요?
2. 우리 팀이 가진 약점은 무엇인가요?
3. 지속적으로 개선되지 않는 부분은 무엇인가요?
4. 협업할 때 우리 팀이 변화했으면 하는 부분은 무엇인가요?

그런데 왜 협업 팀장과 소통을 해야 할까요? 가장 중요한 것은 정보를 얻기 위함이고, 다음으로 내 편을 얻기 위함입니다.

신임 팀장이 가진 약점은 '정보력'과 '팀장 과업 수행 능력'입니다. 즉, 팀을 운영하기 위한 정보와 능력면에서 아직은 미숙한 팀장이라는 이야기이죠. 그런 신임 팀장이 타 부서와의 협업에서 주도권을 가질 수 있을까요? 아마 쉽지 않을 겁니다. 협업에서 너무 많은 양보를 하거나 과업을 떠맡게 되는 순간 팀원들은 팀장의 리더십이 부족하다고 느낄 수밖에 없습니다. 그러니 이때 팀장은 협업 팀장과 원온원 대화로 정보도 얻고, 팀장 역할에 대한 멘토링을 받아보며 내 편을 조금씩 확보할 수 있습니다.

그런데 협업 팀장과 원온원을 하는 기업은 그리 많지 않습니다. 만약 협업 팀장과의 원온원이 어색하다면 협업 부서에서 우리 팀에 기대하는 것은 무엇인지 고민해 보는 것을 추천드립니다. 그리고 협업 팀장과 회의나 협업을 할 때 "○○팀에서 우리 팀에 기대하는 것을 생각해 봤는데요."라고 말문을 열며 협업팀 중심의 대화를 해 보길 바랍니다.

신임 팀장 초기에 이런 정보들을 가지고 일할 때와 그렇지 않을 때의 차이는 정말 큽니다. 팀원은 팀 관점에서 일할 때 시야가 커지고, 팀장은 팀보다 큰 부서 관점에서 일할 때 관점이 커지게 된다는 것만 기억해 주시면 좋겠습니다.

세 번째, **'상사와의 원온원'**입니다. 세 가지 원온원 중에서 가장 중요합니다. 팀과 팀장의 역할을 명확하게 알 수 있는 시간이거든요. 그런데 보통 원온원은 팀원과의 대화라고 생각하지, 상사와 한다는 생각은 하지 않습니다. 그 부분이 가장 큰 오해이기도 하죠.

리더십에 '매니지업Manage up'이라는 것이 있습니다. 보통은 매니징을 한다고 하면 팀원을 매니징하는 것으로 알고 있지만, 매니지업은 자신의 상사를 매니징하는 방법입니다. 즉, 상사가 나에게 더 많은 시간을 쓰고, 나의 성장과 성공을 지원하도록 만드는 방법이죠.

매니지업을 위한 상사와의 원온원 목적은 회사가 '팀장에게 기대하는 역할을 구체적으로 이해하고 팀장의 시간 사용 우선순위를 결정하기 위해서'입니다.

이때 상사에게 적용할 질문은 7가지입니다.

1. 조직을 운영하면서 가장 중요하게 여기는 가치는 무엇인가요?

2. 이상적으로 생각하는 조직의 모습이 있다면 설명해 주세요.

3. 가장 피하고 싶은 상황, 사람이 있다면 어떤 것일까요?(팔로워 중)

4. 올해, 그리고 3년 후 이루고자 하는 조직적인 목표는 무엇인가요?

5. 그 관점에서 신임 팀장에게 기대하는 역할은 무엇인가요?

6. 그 역할에서 제가 꼭 해 줬으면 하는 행동과 이 부분만큼은 피해달라고 요청하실 행동이 있다면 말씀해 주세요.

7. 탁월한 팀장이 되기 위한 조언을 해 주신다면 무엇일까요?

팀장으로부터 이런 질문을 받은 상사는 어떤 마음이 들까요?

경영 용어 중에 'on the same page'라는 단어가 있습니다. 우리는 보통 '얼라인'이라는 단어를 사용합니다. '얼라인'은 목표와 목표를 맞추는 작업을 의미이지만, 'on the same page'는 가치관까지 일치시키는 것을 의미합니다. 업무적으로 더 긴밀한 사이가 되는 것이죠.

이 대화를 통해서 신임 팀장은 1년 동안 해야 할 시행착오를 짧은 시간으로 단축할 수 있습니다. 내 생각과 내 경험이 아닌, 팀원과 동료 팀장 그리고 상사의 관점을 미리 확인해서 자신의 일하는 방식을 설계했으니까요.

지금까지 신임 팀장이 해야 하는 행동에 대해 기록해 봤다면, 마무리로 신임 팀장이 하지 말아야 하는 행동도 2가지 알려드리겠습니다.

반드시 전하고 싶은 것은 '점령군이 되지 마라'입니다. 팀장은 지식과 경험이 있기 때문에 빠르게 변화를 추진하게 됩니다. 지금보다 나은 변화를 만들어 내는 것이 신임 팀장의 역할이라고 생각하기 때문입니다. 그런데 팀원들 관점에서 이 속도가 너무 빠르면 점령군이라는 생각을 할 수밖에 없습니다. 그러면 팀원들은 지금까지 자신들이 해왔던 방식들이 모두 틀렸고, 다 바꿔야 한다는 생각이 듭니다.

자세히 살펴보면 팀원들이 지금까지 해오던 방식에는 다 이유가 있었을 겁니다. 그런데 자세한 상황을 파악할 대화조차 없이 무조건 "내 방식대로 해야 해. 그거 틀렸어."라고 말하는 순간 '리더가 아닌, 점령군'이 되어버리는 겁니다. 신임 팀장이 점령군으로 인식되기 시작하면 아무리 좋은 의견을 내더라도 팀원들은 팀장을 따르지 않게 됩니다. 팀장이 팀원을 아는 만큼, 팀과 회사를 아는 만큼 더 영향력 있는 리더가 된다는 것만 꼭 기억해 주시면 좋을 것 같습니다.

두 번째는 '모든 것을 다 알아야 해'라는 생각을 내려놓는 것입니다. 이를 '슈퍼맨 증후군'이라고도 부르는데, '팀장이 모든 것을 다 알고, 다 해결해 줘야 해'라는 생각에 갇혀 스스로 빠져나오지 못하는 것이죠. 슈퍼맨 증후군은 대부분의 신임 팀장에게서 찾을 수 있는 현실적인 이슈이기도 합니다.

"팀장이 된 이후로 정말 잠자는 시간, 가족과 보내는 시간, 쉬는 시간조차 없어 이러다가 과로로 죽을 것 같았어요."라며 팀장 2개월 차를 회상하던 한 팀장이 있었습니다. 그 옆자리에는 회사에서 탁월하다고 평가받는 2년 차 팀장이 있었는데, 그 팀장에게 물어봤습니다.

"팀장님, 작년에 처음 팀장이 되고 나서 어떠셨어요?"

질문을 받은 팀장은 질문을 한 제가 아닌, 번아웃에 빠져있던 신임 팀장을 바라보며 웃으며 이야기했습니다.

"저도 작년에 똑같았어요. 팀장이 되었으니까 팀원들에게도 있어 보여야 하는 건 줄 알았고, 모든 보고서와 자료들을 제가 다 봐야 하는 줄 알았어요. 그런데 제가 몰라도 되는 내용들도 많더라고요. 처음 팀장이 되었을 때는 저도 똑같은 고민을 했었고, 그것 때문에 힘들었는데 지금은 '내가 다 알아야 해'라는 무식한 생각은 절대 하지 않게 되었어요."

2년 차 팀장은 팀장이 모든 것을 다 알아야 한다고 생각했을 때 팀원들에게 주도권을 넘겨주지 못했던 자신을 피드백하고, 이제는 팀장이 모르는 부분도 있을 수 있고, 이때 팀원들에게 도움을 요청하거나 팀원들이 가지고 있는 생각이나 지식을 끌어서 쓰게 되었다고 말해 주었습니다.

팀장이 슈퍼맨 증후군에 빠져버리면 초기에는 내가 하는 의사 결정대로 팀이 움직이는 모습을 보며 '내가 대단한 사람이 되었구나'라는 생각을 하게 됩니다. 그런데 어느 순간부터 팀원들의 태도가 느슨해지는 모습을 보게 되죠. 팀원들은 보고서를 제대로 마무리하기도 전에 사사건건 팀장에게 피드백을 받으려고 합니다. 아무리 완벽하게 작성해 봤자 어차피 추후 팀장이 생각하는 방향대로 자료를 수정해야 하기 때문이죠. 이렇게 아주 작은 내용이라도 팀장에게 일단 보고부터 하고 실행하려고 하니 팀의 일하는 속도는 상당히 느려집니다. 그 순간 신임 팀장은 '왜 우리 팀은 나만 일하지?'라는 생각을 하게 됩니다.

위에서 번아웃을 고민했던 신임 팀장도 똑같은 고민에 빠져들게 되었습니다. 팀장이 된 지 2개월 만에 팀원들의 태도는 느슨해졌고, 팀장 혼자서만 조급하게 업무를 추진하기 시작했던 것이죠.
"팀장이 주도적이면 팀원들은 주도적일 수 없다."라는 말을 꼭 기억해야 하는 이유입니다.

2장

성과관리에 찾아온
두 번째 기회

새로운 업무 목표 수립 시 불만이 생겼습니다

리더도, 구성원도 업무를 하면서 불만을 표현할 때가 많습니다. 불만의 본질은 '마음에 흡족하지 않음'이고, 원인은 '기대와 다른 부족한 모습'입니다. 때로는 조직의 불만을 말과 행동으로 표현하는 사람들을 자주 보곤 합니다. 그런데 이들의 특징이 있습니다. 바로 '명확한 기대가 있다'는 것입니다.

팀장은 '내일까지 보고서가 완성되는 것' 또는 '보고서에 10가지의 인사이트가 담겨 있을 것'이라는 기대를 품고 있습니다. 또 팀원은 '나에게 마땅한 업무가 주어질 것'이나 '현재 하고 있는 업무 외에 엉뚱한 업무를 맡기지 않을 것'이라는 기대가 있습니다. 그리고 서로의 기대들이 어그러지면 '불만'을 표현합니다.

그렇다면 이들의 불만과 불안을 줄이는 방법은 없을까요? 바로 불만의 세 가지 원인만 파악하면 줄일 수 있습니다.

불만은 주로 이럴 때 발생됩니다.

1. 방법을 몰라서

명확하게 기대하는 결과물과, 그 기대를 충족시키기 위한 'HOW'를 명확하게 모를 때

2. 예측되지 않아서

기대대로 결과물이 나올 거라는 확신이 없을 때

3. 계획대로 되지 않아서

답을 찾아서 실행하고 있지만 예상했던 시간이 어그러질 때(예기치 않은 수정이 필요할 때)

결과적으로 불만은 '기대와 다른 현재의 모습'에서 옵니다. 이를 'Reality'라고 부르는데, 목표와 다른 '현재의 모습'이라는 뜻입니다.

그렇다고 불만이 없는 팀이 좋은 것만은 아닙니다. 모든 도전과 변화는 불만에서 오기 때문입니다. 즉, 현재의 결과와 목표하는 바가 같다면 변화할 필요도 없이 이전처럼 그대로 하면 되겠죠. 이렇게 목표를 현재의 수준과 비슷하게 잡는다면 언제든지 목표를 달성할 수 있습니다. 그만큼 변화도 필요없는 시간이죠.

그러니 불만을 부정적으로만 보기보다, '어떻게 하면 그 목표와

기대에 조금 더 다가갈 수 있을까?'라는 관점에서 생각을 전환해 보면 좋겠습니다. 그때부터 학습과 배움 그리고 변화가 시작되니까요.

  팀장은 '팀원에게 새로운 과업에 대한 업무를 부여할 때' 난감함을 가장 많이 경험합니다. 팀원 중에는 새로운 과업을 좋아하는 팀원도 있고, 기존에 하던 과업을 지속해서 맡고 싶어 하는 팀원도 있습니다. 팀원들이 원하는 과업을 적절하게 분배해 주면 가장 좋겠지만, 팀장은 '팀의 성과'와 '팀원의 성장'이라는 두 가지 목표를 함께 고민하다 보니 늘 곤란한 상황을 경험하게 됩니다.
  팀원에게 새로운 과업을 어떻게 부여하면 좋을까요?

새로운 과업은 팀원에게 주는 성장의 기회

  가수 에릭남과 미국인 유튜버가 진행했던 인터뷰를 봤습니다. 유튜버는 "당신은 미국에서 태어났는데, 왜 한국에서 활동하나요?"라는 질문을 던졌습니다. 이때 에릭남의 답변은 성장을 고민하는 사람들에게 주는 메시지가 되었습니다.

  "미국의 모든 언론사, 레이블, 미디어들은 아시아인에게 절대 기회를 주지 않습니다. 물론 지금은 예전보다 미국에 진출하는 아시아 연예인들의 숫자가 많아졌지만, 상황은 그렇게 녹록지 않습니다. 아시아인 중에 미국에서 신인으로 데뷔한 가수를 본 적이 있으신가요? 없습니다. 제가 한국으로 떠난 가장 큰 이유는 한국인들은 내가 한국어를 잘못해도, 미국에서 살다 왔다고 해도 절대 저를 차별하거나 무시하지 않아요. 그래서 저는 평생 한국이라는 나라에 감사하는 마음으로 살려고 합니다. 저에게 기회를 준 최고의 나라니까요."

성장은 학습과 조금 다릅니다. 성장하기 위해서는 지금의 내 능력보다 더 뛰어난 성과를 만들어 낼 수 있어야 합니다. 어쩌면 영향력이 될 수도 있겠죠. 그런데 그런 성과를 만들어 내기 위한 전제는 바로 '기회'입니다. 내가 가진 전문성 역량 레벨이 2라면 3, 4 또는 5와 10이라는 더 높은 레벨에 도전할 기회가 주어져야 하죠. 기회가 없다면 내가 성장할 방법은 단지 '공부하는 것'뿐이고, 공부만으로는 절대 결과를 바꿀 수 없습니다.

일반적으로 팀에서 가장 중요한 일, 어려운 일을 누가 맡게 될까요? 아마 '가장 일을 잘하는 구성원'이 '가장 중요한 일'을 맡게 될 것입니다. 그리고 이런 현상은 뛰어난 구성원이 이직을 하지 않는 한, 반복될 수밖에 없습니다. 그러니 성장을 추구하는 직장인들은 이 기회를 자신의 것으로 가져오기 위해 준비하고, 노력해야 하죠.
그런데 지속해서 성장하는 팀에서는 '잘 하는 팀원에게 가장 중요하고 어려운 일'을 맡기지 않습니다. 아직 부족하지만, '가능성이 있는 팀원에게 자신의 역량보다 더 뛰어난 역량이 요구되는 과업을 맡깁니다.

이를 위해 가능성은 어떻게 검증할 수 있을까요? 먼저 '어떤 기준으로 가능성을 찾을 수 있을까'를 정해야 합니다. 이때 사용되는 기준 중 하나가 '태도'입니다.

팀장은 팀원들이 '어려운 일, 새로운 일, 장애물을 만났을 때 어떻게 그 문제를 해결하는가'를 관찰하고, 판단해야 합니다.

그 기준으로 '자신이 가진 역량으로만 해결하려는 구성원'과 '묻고, 배우고, 피드백을 통해 문제를 해결하려는 구성원'으로 나눕니다. 이 두 가지가 성장에 꽤 많은 영향을 주기 때문입니다.

또 다른 기준은 '의지'입니다. '의지'란, '일을 잘하려는 마음'과 '일을 책임지려는 마음이 보여주는 태도'라고 말할 수 있습니다. '하고 싶은 일만 하려고 하는가?' 아니면 '팀과 동료를 위해 자신이 하고 싶지 않은 일도 맡으려고 하는가?'라는 기준으로 볼 수도 있고, 자신에게 맡겨진 일을 책임지려는 모습도 의지로 판단해 볼 수 있습니다.

직장에서 성장하기 위해서는 '더 높은 수준의 기회'를 얻어야 합니다. 그리고 그런 기회를 아직 '부족한 나'라는 잠재적 인재에게 주는 회사와 리더는 무척 중요한 요소입니다. 저는 늘 첫 직장을 굉장히 중요하게 생각하는데요. 그 이유 중 가장 큰 부분이 여기에 있습니다. 한없이 부족한 나에게 가장 어렵고 중요한 과업을 맡도록 기회를 주는 조직이 바로 첫 직장이기 때문입니다. 그리고 그 부족한 모습을 기다려주는 리더도 역시 첫 직장의 리더들이었습니다.

팀원에게 어렵고 새로운 일, 중요한 일을 맡길 때 부담감보다는 앞으로 탄탄하게 성장할 팀원의 모습을 제시하면 어떨까요? 새로운 일을 맡게 되는 순간, 모든 팀원은 우리 팀에서 자신이 가장 바쁘고 힘들다는 생각을 할 것입니다. 퇴근 시간이 늦어질 수도 있겠죠. 하지만 그만큼 팀원이 더 빠르게 성장할 기회라고 솔직하게 표현하면 야근이 억울하고 쓸데없는 시간으로만 느껴지지 않을 겁니다.

저는 매달 한 권의 책을 읽고 오프라인에서 4시간 동안 토론을 하는 트레바리 북클럽을 운영하고 있습니다. 이 모임에는 '성장'에 관심을 갖는 직장인들이 참석하는데, 에디터 유빈 님의 이야기가 기억에 남아 공유해 보려고 합니다.

한번은 '행복'이라는 주제로 이야기를 나누다가 유빈 님이 '좋아하는 일을 잘하려고 해요'라는 답변을 했습니다. 그리고 저는 '잘하려고 한다는 걸 나와 외부인이 어떻게 알 수 있을까요?'라고 질문을 했죠. 이때 유빈 님은 두 가지를 공유해 줬습니다.

"'리더가 이 정도면 된 것 같아'라고 이야기해도 스스로 더 수정하고 보완하는 나를 볼 때"

"이미 좋은 글을 더 잘 표현하기 위해 그림과 이미지 등 글 이외의 다른 부분에까지 관심을 가질 때"

이 답변을 듣고 나서 연차와 경력을 떠나 '성장과 성공'에 관심 있는 사람들의 특징을 다시 한번 생각해 볼 수 있었습니다.

tip. 팀원의 성장을 돕기 위해

- 팀원의 성장을 위해 '팀원이 가진 지식, 역량보다 더 큰 역량을 필요로 하는 과업'을 맡긴다.
- 평소 어려운 일을 맡을 때 '묻고, 배우고, 피드백을 주고받는 행동'을 자주 하는 팀원, '일을 더 잘하려고 노력하고, 책임지려는 행동'을 하는 팀원에게 먼저 성장의 기회를 제공한다.

C.O.A.C.H 모델을 활용해 대화를 시도합니다

Critical Moment

팀원이 11명인 팀의 팀장이 있습니다. 서로가 가진 업무를 교차해서 맡아보면 성장할 것 같아 팀원들에게 제안을 했었는데, 대부분의 팀원이 반대해 답답함을 호소했습니다.

팀원들에게 부정적인 피드백을 받고 나서 시무룩해진 팀장과 코칭 대화를 나누다 팀원들과 원온원을 해 보는 것으로 전략을 수정했습니다. 그때 사용했던 방식이 바로 'C.O.A.C.H 모델'을 통해 팀원의 성장을 함께 고민하는 것이었습니다.

업무를 부여할 때 사용하는 C.O.A.C.H 모델은 5개로 구분된 대화 모델입니다.

박혁종 작가의 『시키지 마라, 하게 하라』에도 언급된 내용인데요. 간략하게 설명을 드리면 C.O.A.C.H 모델은 Context, Output / Outcome, Approach / Action, Critical Point, Help로 구성되어 있습니다. 이 대화 모델을 통해 역량과 의지가 있는 구성원에게는 과업을 통해 본인이 얻을 수 있는 성장과 성공, 기회를 인식하도록 돕고, 과업 수행 의지가 부족한 팀원에게는 업무의 구체적인 방법을 제안할 수 있습니다. 지금부터 하나하나 살펴보겠습니다.

1. Context

업무의 배경과 맥락을 이야기하는 Context입니다. 이 대화에서 핵심은 2가지입니다. 하나는 새로운 업무가 발생한 배경과 전후 맥락을 설명하는 것입니다. 다른 하나는 이 과업이 팀원에게 어떤 도움이 될지를 함께 공유하는 것이죠. 이때 이야기할 주제는 2가지입니다. '회사 관점에서 업무 맥락'과 '개인 관점에서의 업무 맥락'입니다.

- 이 업무가 발생한 이유 / 맥락은 무엇인가? (상위 조직 목표와의 얼라인, 조직장의 의견 등)
- 이 업무를 담당하는 팀원에게 어떤 이익이 있는가? (성과, 성장 등)

2. Output / Outcome

기대하는 구체적인 결과물과 그것이 팀, 고객 그리고 회사에 주는 영향과 기여를 설명하는 것입니다.

- **Output :** 구체적인 결과물의 모습은 어떠한가? (어떤 결과물을 기대하나?)
- **Outcome :** 결과물이 팀과 회사의 목표에 미치는 영향은 무엇인가?

  (회사, 팀 그리고 고객의 무엇이 변화하는가?)

3. Approach / Action

업무 진행에 대한 개괄적인 추진 전략과 핵심 반영 사항, 구체적인 실행 방법과 계획을 함께 공유하는 것입니다.

- **Approach :** 과업 수행을 위한 전체적인 흐름, 협업, 전략은 무엇이고, 중간보고/피드백의 시점은 언제인가? (종료 시점, 중간보고 일정, 권한의 범위, 리더의 지원 부분 등)
- **Action :** 세부절차 및 실행 방법, 프로세스는 무엇인가? (구체적인 아이디어, 구체적인 방법)

4. Critical point

업무를 추진할 때 가장 중요하게 관리해야 하는 요소와 우선순위를 결정하는 것입니다.

- 업무 추진 시 반드시 지키길 바라는 1~2가지는 무엇인가?

  (중요한 우선순위(경영진의 의중, 조직의 정황, 팀의 자원 등)들을 종합적으로 고려한 핵심기대 사항)
- 우려되는 부분은 무엇인가? (예상되는 장애물과 난관)

5. Help

팀원이 업무를 수행할 때 필요한 도움과 지원 영역, 궁금한 부분 그리고 추가로 꼭 하고 싶은 이야기를 듣는 시간입니다.

- 이해되지 않는 것은 무엇인가?
- 평소에 자신이 알고 있던 팀 / 조직의 업무 방향과 다르다고 느끼는 것은 무엇인가?
- 기대하는 결과물과 전략 실행을 위해 어떤 도움과 지원이 필요한가?

[업무 부여 대화 모델 C.O.A.C.H]

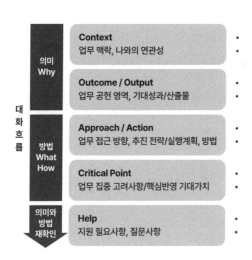

업무 부여를 위해 C.O.A.C.H 모델을 사용하는 2가지 방법이 있습니다. 그것은 '지시와 질문'입니다. 첫 번째, 지시의 경우는 C.O.A.C.H에 맞게 팀장이 팀원에게 설명해 주는 방법입니다.

두 번째 방법은 팀장이 팀원에게 질문하며 C.O.A.C.H 모델을 대화로 풀어나가는 것이죠. 이때 팀장은 질문만 하고, 팀원은 답변만 하기보다는 서로가 질문하고, 답변하면서 더 나은 생각으로 관점을 확장하는 것이 필요합니다. 이때 핵심은 옳고 그름을 판단하는 것이 아니라, 서로의 관점이 확장되는 대화를 하는 것입니다. '그렇게 생각할 수도 있겠네요', '그 관점을 조금 더 쉽게 설명해 줄 수 있을까요?', '만약 그대로 진행되면 어떨 것 같아요?'처럼 생각을 확장하는 대화를 해야 합니다.

반대로 '나는 그렇게 생각하지 않습니다', '그건 틀렸어요. 그건 ○○님 생각일 뿐이에요', '그게 정답일까요?'처럼 팀원의 의견에 대해 인정과 칭찬이 없이 부정적인 평가만을 하거나 팀장이 생각하는 답을 찾는 대화를 하게 될 경우 솔직한 의견을 주고받지 못하게 된다는 것만 기억하면 됩니다.

2가지 방법은 모두 장단점이 있습니다. '질문과 대화'는 팀원이 스스로 생각하는 힘을 길러준다는 강점이 있고, '설명'은 팀장의 생각을 온전하게 전달할 수 있다는 강점이 있죠. 반대로 2가지 방법 모두 단점도 있습니다. '질문과 대화'는 팀원이 엉뚱한 이야기를 하며 대화의 방향이 흐트러질 수도 있고, 대화하는 데 시간이 많이 걸리기도 합니다. '설명'의 경우 일방적인 과업 부여가 될 수도 있다는 것이죠.

하지만, 2가지 방법 모두 팀장이 과업을 전단지 나눠주듯 토스하는 것보다는 더 큰 강점을 가지고 있기에, 상황과 팀원에 따라 다르게 사용해 보길 추천드립니다. 주도적으로 자신의 생각을 잘 이야기하는 팀원에게는 질문과 대화를 먼저 사용해 보고, 신입사원이나 수동적인 팀원에게는 팀장이 먼저 설명해 주는 방법이 좋습니다.

[팀장의 질문 예시]

STEP	내용
Context	김 과장님, 이번 글로벌 확장 프로젝트에 대해 회사에서는 어떤 목적을 가지고 있을 거라 생각해요? (팀원의 이야기를 듣고 팀장의 의견 전달) "저도 비슷하게 생각해요." "나는 최근 회사가 강조하는 국내 영업을 더 잘하기 위한 전략이라고 생각해요. 글로벌 레퍼런스가 있으면 우리나라의 다른 기업들이 조금 더 관심을 가질 것 같거든요. 제 생각이 어떤가요?" "이 일이 어려운 과업이 되긴 할 텐데, 김 과장 커리어나 성장에 어떤 부분에서 도움이 될까요?"
Output / Outcome	"김 과장이 생각할 때 6개월 후에 어떤 결과물이 나오면 우리가 이 프로젝트를 잘했다고 평가할 수 있을까요?" "그 결과물이 회사와 우리 부서에는 어떤 영향을 주게 될까요? 어떤 도움이 될 것 같아요?"
Approach / Action	"어떤 방법들을 시도해 볼 수 있을까요? 이전에 좋았던 사례가 있을까요?" "그 중 어떤 방법이 가장 좋을까요?" "중간에 어떤 방법으로 피드백이랑 원온원을 해 보면 좋을까요?"
Critical Point	"프로젝트 전반에서 가장 중요한 포인트는 뭐라고 생각해요?" "이해관계자(회사, 고객사, 팀과 팀장 그리고 김 과장 등) 관점에서 각각 이야기해 주면 좋을 것 같아요."
Help	"혹시 좀 더 확인해야 할 것이 있으세요? 어떤 장애물이 예상되나요?" "제가 어떤 부분을 지원해 주면 조금 수월해질까요?"

[팀장의 설명 예시]

STEP	내용
Context	"김 선임, 올해 본부에서 가장 중요한 과업으로 고객만족이라는 키워드가 결정되었어요. 이 관점에서 우리 팀은 고객 경험 개선을 위한 프로젝트를 진행하려 해요. 김 선임이 현재 취합하고 정리하는 데이터 리포팅의 단계를 넘어서 직접 데이터를 수집하고, 분석하는 경험이 현재 역량에서 한 단계 뛰어 넘을 수 있는 기회가 되지 않을까 생각합니다."
Output / Outcome	"김 선임은 데이터를 시각화하는 대시보드를 작성해 본 적이 있으니, 팀원들과 협업하면서 데이터를 수집, 분석한 결과를 시각화해 한눈에 고객 여정이 보여지게끔 표현해 주면 좋겠습니다. 고객이 어떤 문제를 해결하고자 어떤 흐름으로 제품을 이용했고, 우리가 예상했던 행동과 다른점은 무엇이었는지, 긍정/부정적 경험은 언제, 어떤 맥락에서 발생하는지도 확인해 주세요. 최종 결과물은 내년도 사업계획안에 활용할 예정입니다."
Approach / Action	"이 프로젝트의 핵심은 고객의 행동 데이터에 대해 충분히 이해하는 부분입니다. 고객을 직접 관찰하고, 고객 상황에 들어가서 직접 체험하고, 고객과 어울리는 커뮤니티에 참가하는 등 새로운 시도들을 함께해 보면 좋겠어요. 그 과정에서 고객에게 어떤 질문을 던지면 좋을지 고민해 봅시다. 분석에서 시각화까지 완료하는 시점은 2개월 뒤로 생각하고 있습니다. 중간보고는 3주 뒤면 좋겠고, 데이터분석팀과 함께 업무 협업하며 진행해 주세요."
Critical Point	"무엇보다 고객의 상황을 잘 이해할 수 있도록 하는 고객 여정의 시각적 표현이 중요합니다. 이를 처음 본 사람도 이해할 수 있는 형태로 표현해 주세요."
Help	"혹시 좀 더 확인해야 할 것이 있으세요? 궁금한 건 언제든지 질문해 주세요. 필요한 지원 사항이라도요."

다시 Critical Moment 상황으로 돌아와 보겠습니다. 팀원들은 새로운 과업을 맡기 싫어하는 상황이죠. 이때 먼저 팀원이 새로운 과업을 맡기 싫어하는 이유를 알아봐야 합니다. 그 이유는 크게 역량과 의지, 두 가지로 구분해 볼 수 있습니다.

역량이 이슈인 팀원 : "새로운 과업을 담당하게 되면 지금까지 잘해왔던 과업을 하며 인정받던 상황이 사라지고, 새로운 과업으로 평가가 낮아질 것이 우려됩니다."

이 팀원은 인정받지 못할 것 같은 마음에 새로운 과업보다 잘할 수 있는 과업을 선호합니다.

의지가 이슈인 팀원 : "현재 제가 맡고 있는 과업은 익숙한 업무라 편했는데, 새로운 과업은 배워야 할 일들이 많아 다소 부담스럽습니다."

이 팀원은 현재 본인의 과업이 늘 해오던 것이라 어떻게 해야 좋은 결과가 나오는지도 알고 있고 부담이 되지 않습니다. 하지만, 새로운 과업은 익혀야 할 스킬이나 툴이 많기 때문에 선뜻 받아들일 엄두를 내지 못하고 있습니다.

만약 새로운 과업이 팀에 중요한 역할을 차지한다면 저는 '성장과 성공 의지가 있는 팀원'에게 맡길 것을 제안합니다. 반대로 중요하지는 않지만, 꼭 해야 하는 일반 과업이라면 가장 효율적으로 그 과업을 수행할 수 있는 의지가 약한 팀원에게 맡기는 것이 좋습니다. 하지만, 꼭 이 2가지 결정만 있는 것은 아닙니다.

성장 가능성이 큰 재능을 가진 팀원은 현재의 역량은 부족하더라도 '어렵고 중요한 과업'을 맡기면서 성장할 수 있도록 코칭해야 할 수도 있기 때문이죠.

앞서 말씀드린 팀장은 '팀 입장에서 중요한 과업'이었기 때문에 역량이 뛰어난 팀원과 C.O.A.C.H 모델을 통해 이 과업을 팀과 회사가 어떻게 생각하는지를 알려줬고, 그 과정에서 팀원이 얻게 되는 성장과 성공 경험을 공유해 주었습니다. 그리고 팀원이 이 과업에 필요한 리소스를 확보하기 위해 업무를 재분장해 주며 미래의 성장한 모습을 제시하는 대화를 세 번 정도 했습니다.

팀원에게 새로운 과업을
어떻게 지시해야 할까요

Critical Moment

영업부 박 팀장은 담당 상무에게 팀 본연의 업무 외에 새로운 과업(고객 리텐션 프로모션 운영)을 받았습니다. 추가로 부여받은 과업의 성과와 결과물을 팀 평가에도 반영하기로 한 상황입니다. 그런데 팀원들이 새로운 과업 수행에 집중하기 어렵다는 것이 박 팀장의 판단이었습니다. 운영과 관리 중심의 기존 업무는 팀원들 대부분이 익숙하게 잘해 나가고 있지만, 그렇다고 기존보다 신경을 덜 쓸 업무는 아닙니다. 또 새로운 과업을 해 본 경험들이 없어 팀원들에겐 역부족이라고 여긴 것입니다.

박 팀장은 이런 고민을 팀원들에게 털어놨습니다. 하지만, 정작 팀원들은 팀장의 고충을 이해하기보단 자신들의 입장에서 볼멘소리를 했습니다. 팀원 중 새 과업을 할 만한 역량을 가진 김 과장에게 이야기를 해 봤지만, 지금 하는 업무도 버거운 수준이라 오히려 업무 조정이 필요하다고 말합니다. 이에 박 팀장은 담당업무를 탁월한 수준으로 잘 해내고 있는 황 과장에게도 이야기했습니다. 하지만 그 역시 추가 업무를 할 만큼의 여력이 되지 않고, 또 새로운 과업이 본인에게는 잘해야 본전인 업무라는 판단에 받고 싶지 않다고 합니다. 그렇다고 김 과장과 황 과장을 제외한 나머지 팀원들에게 새 과업을 맡기기에는 만족스러운 성과와 결과물을 기대하기가 어렵습니다. 박 팀장은 이 난관을 어떻게 해결해야 할까요?

팀장은 이 주제로 일 처리가 우수한 황 과장과 심도 있는 대화를 나누기로 했습니다. 이때 회의실보다는 커피 한 잔을 마시며 회사 주변을 산책하는 것이 좋습니다. 편안한 대화를 유도하기 위해서죠. 한 번에 C.O.A.C.H 모델을 모두 사용하는 것도 좋지만, Context와 Output / Outcome의 대화를 먼저 나누고, 'A.C.H'는 며칠 뒤, 두 번째 대화에서 나눠보는 것을 추천드립니다.

박 팀장 : 황 과장, 하반기에 '고객 리텐션 프로모션'에 대한 전체 큰 그림을 그리고, 영업부 관점에서 신규 고객만큼 기존 고객분들에게 에너지를 투입하는 것으로 전략이 추가될 예정이에요. 저는 황 과장이 이 역할을 가장 잘할 수 있는 사람이라고 생각했어요.

황 과장 : 그렇게 봐주셔서 감사합니다. 그런데 팀장님도 아시다시피 제 과업도 너무 많아서 새로운 과업을 맡는 것이 어렵다는 생각입니다.

박 팀장 : 맞아요. 쉽지 않죠. 그런데 이 일이 영업부의 다음 전략을 설계하는 중요한 축이 될 거라는 게 저와 상무님의 공통된 의견이에요. 그만큼 중요하기에 황 과장 생각을 한 겁니다. 지금 당장 고민하기보다는 과업에 대한 조정이나 추가로 필요한 부분들을 한번 고민해 보고 다음 주 화요일에 한 번 더 이야기해 보면 좋겠어요.

황 과장 : 네, 일단 고민을 해 보겠습니다.

(화요일)

박 팀장 : 지난주 미팅 이후에 정말 시간이 빠르게 지나갔네요. 황 과장은 어떻게 지냈어요?

황 과장 : 이 과업이 제게 어떤 도움이 될지 잘 몰라서 옆 팀의 김 차장님을 찾아뵀습니다. 의견 좀 여쭤보려고요.

박 팀장 : 그래요? 깊이 생각해 줘서 고맙네요. 김 차장 의견은 어때요?

황 과장 : 우선 김 차장님도 제 커리어에 도움이 될 것 같다는 의견을 주셨습니다. 대신, 이 과업을 하기 위해서는 현재 업무 중 일부

는 정리를 해야 할 거라고 의견을 주시더라고요. 그래서 신규 고객 영업의 조율이 필요해 보입니다. 제 시간의 대부분을 여기에 쓰고 있어서요.

박 팀장 : 어떻게 해 주면 리텐션 과업에 집중할 수 있겠어요?

황 과장 : 현재 과업 중에서 이미 접촉을 시작한 고객은 제가 마무리하고, 접촉을 시도하지 못한 고객들은 다른 인원에게 이관이 되면 좋겠습니다. 그리고 초반 1~2개월은 팀장님과 매주 원온원을 하고 싶습니다. 저도 방향성을 찾아보고 팀장님 조언도 자주 듣고 싶거든요.

박 팀장 : 좋아요. 황 과장이 올 하반기에 이 일에 집중하는 것으로 알고 있을게요. 먼저 '리텐션을 위한 프로모션 전략'을 수립하고, 내년에는 이탈률을 50%정도 줄이는 것이 이상적인 목표입니다. 저랑 상무님도 도울게요. 혹시 더 도움이 필요한 부분이 있을까요?

황 과장 : 추가로 인원이 배치될까요? 데이터 담당자와 둘이 하기엔 벅찰 것 같은데요.

박 팀장 : 팀원 한 명을 추가로 배치하려고 해요. 어떤 사람이 필요한지는 황 과장이 의견을 주면 좋겠어요. 어려운 일 맡아줘서 고마워요. 팀과 황 과장 커리어에 많은 도움이 될 겁니다.

> **황 과장** : 아닙니다. 많이 배려해 주셔서 어려워도 해 볼 수 있을 것
> 같습니다. 팀장님이 많이 도와주세요.

황 과장과 박 팀장의 대화가 좋은 방향으로 흘러간 이유는 무엇일까요? 저는 팀장이 대화를 통해 **황 과장에게 생각할 시간과 함께 그의 의견을 최대한 들어주고, 현재의 과업이 황 과장의 성장과 커리어에 도움이 될 거라는 믿음을 주었기 때문**이라고 생각합니다.

만약 새로운 과업을 맡는 직원이 주니어라면, 질문하고 대화하기보다는 'C.O.A.C.H 모델'에 맞게 팀장이 구체적으로 과업을 설명해 주고, Help에 대해 의견을 물어보는 것으로도 충분할 겁니다. 그리고 그 과업을 수행할 때 좀 더 자주 만나 피드백을 주는 방식으로 지원해 주면 좋죠.

조직에는 '3요'가 있습니다. '제가요? 왜요? 또요?'. 팀원이 왜 이런 질문을 할까요? 이는 일을 하기 싫어서가 아니라 일을 해야 하는 목적과 이유, 그리고 그 일이 자신에게 어떤 도움이 되는지를 몰라서 하는 질문입니다. 업무를 줄 때도 그 결과와 과정에서 얻게 되는 지식과 경험이 팀원에게 어떤 도움이 되는지를 잘 설명해 주고, 대화를 통해 스스로 인지할 수 있게 해 주면 어떨까요?

Z세대의 성장을 위한 성과관리는 어떻게 할까요

Critical Moment

박 팀장은 안정적으로 팀을 운영하고 있었습니다. 팀원 대부분이 직무역량이 높은 편이고, 협업도 잘 되어 지금껏 성과 문제 한 번 없이 원활하게 운영되었습니다. 그런데 올해 초 신입사원이 배치되면서 문제가 발생하기 시작했다고 합니다.

처음에는 태도도 괜찮고, 일을 잘 배우는 것 같아 걱정이 없었는데 선배 팀원들과 면담을 하면서 신입사원이 팀에 적응하지 못하고 있다는 사실을 알게 되었다네요. 특히나 업무 특성상 남자들이 많은 팀에 여자 신입사원이 배치된 터라 적응이 더딘 것 같았습니다.

박 팀장은 신입사원인 정 사원과 대화를 나누었습니다. 정 사원은 선배들이 업무를 잘 알려주지 않아 힘들다고 하소연했습니다. 박 팀장은 업무를 배우기 위해서는 선배들에게 자주 물어보고 다가가려는 노력이 필요한데 정 사원은 점심도 따로 하고, 퇴근 시간 이후에는 팀원들과 소통을 하지 않아 배움의 기회가 적었을 것이라고 이야기해 주었습니다. 그러자 정 사원은 업무 시간 내에 정해진 매뉴얼로 업무를 배우고 싶은데 팀은 도제식으로 알려주고 있어서 역량 향상이 쉽지 않았다는 대답을 하였습니다. 또한 본인은 여자이기 때문에 남자 선배들에게 다가가기가 더 어려웠다는 말도 덧붙였습니다.

공대를 졸업하고, 대부분 직장 생활을 남자 직원들과 해온 박 팀장은 정 사원이 기존 팀원들과 다른 상황에 처해 있다는 점은 이해했지만, 어떻게 조언을 해 줘야 할지 실마리가 보이지 않는다고 합니다. 정 사원의 역량을 어떻게 향상할 수 있을까요?

이 질문을 받고 나서 저는 '팀장과 팀원이 서로에게 맞춰달라'고 말하는 것 같았습니다. 저의 경우를 말씀드리면 자주 물어보는 후배에게 더 많은 것을 알려주고 자료를 공유해 줬습니다. 반면 '문제가 있으면 부르겠지'라며 가만히 있는 후배에게는 알려주려는 의욕이 생기지 않았습니다. 제 업무를 감당할 시간도 부족했으니까요.

누구든 끌리는 사람이 있고, 끌리지 않는 사람이 있습니다. 제 기준은 '나를 필요로 하는 사람인가?'였던 것 같습니다. 코치로 활동하는 지금도 이 기준은 바뀌지 않고 있습니다.

그럼 지금과 같은 상황에서 박 팀장은 정 사원에게 무엇을 제안해 볼 수 있을까요? 여기서 가장 중요한 것은 '후배의 지식과 스킬을 끌어올려 일하는 방식을 성장시킨다'는 목적입니다. 그러기 위해 먼저, 정기적인 멘토링 시간을 가질 수 있도록 규칙을 정해 보는 것을 추천합니다.

수시로 예측 불가능한 시간에 만나는 것보다 선배들이 돌아가면서 매주 일정한 시간을 정해두고, 스킬을 전수하는 것이죠. 이때 여직원, 남직원 상관없이 모두가 참여하는 형태로 팀의 규칙을 정하는 것이 좋습니다.

만약 남자들이 많은 환경에 여자 직원이 혼자라면 도제식 방법이 문제가 아니라, 인간관계에서 어려움을 느꼈을 수도 있습니다. 또 내향형인 사람이라면 전에는 겪어 보지 못한 환경에 처할 때 적응하기까지 시간이 다소 걸립니다. 이 기간이 지나면 이들은 오히려 외향인보다도 더 진중한 인간관계를 맺는 경우가 많습니다. 그래서 집단 학습을 먼저 하고, 조금 친밀함이 형성되면 이어서 도제식으로 학습하도록 매칭을 해 주시면 좋습니다.

두 번째, 위탁으로 멘토링을 해 보는 것도 제안드립니다. 원온원을 꼭 해당 팀장이 해야 할 필요는 없습니다. 더 잘할 수 있는 사람이 있다면 그 사람을 잠시 매칭해서 새로운 관점을 얻는 것도 대안이 될 수 있습니다.

제게도 많은 위탁 교육 사례가 있었습니다. 정기적으로 저와 원온원을 하던 CEO가 있었는데, 한번은 CEO 대신 재무팀장이 왔습니다. 이유는 CEO가 재무팀장이랑 원온원을 하고 있었는데, 그의 고민을 듣고 보니 제가 더 적임자 같아 위탁요청을 주셨던 것이었습니다.

위탁으로 부탁받은 원온원 중 저성과자 팀원에 대한 고민을 갖던 팀장도 있었는데, 그분이 보기에는 너무 실력이 부족한데 본인은 잘하고 있다고 생각하면서 외부에도 그렇게 자랑을 하고 다닌답니다. 이때 저는 객관적인 외부 기업 기준에서 해당 팀원에게 기대하는 역할과 역량을 알려주고, 냉정하게 현재의 실력으로 외부에 나가면 큰 어려움을 겪을 수 있다는 이야기를 해드렸습니다.

자신의 과업과 역량이 객관화되면 그 이후로의 학습은 조금은 수월해지는 편입니다. 정 사원에게 필요한 것도 여직원의 관점이 아닌 비즈니스를 하는 직장인으로서의 관점을 갖게 하는 것입니다. 이를 직속 남자 팀장이 코칭하는 것도 좋지만, 회사에서 이미 능력을 인정받은 다른 팀의 여자 팀장이나 여자 선배가 말씀해 주시는 것도 도움이 됩니다.

정 사원 또한 막연히 '남자들이 많은 회사에서 적응하기가 쉽지 않구나'라고 생각할 게 아니라 '나는 현재 업무 능력이 현저히 부족하니 선배들에게 열심히 배워야 하는구나'라는 생각을 할 수 있도록 방향을 잡아주면 좋겠습니다.

요즘 4, 50대 팀장들이 가장 어려워하는 부분이 Z세대 신입 직원들과의 대화입니다.

저는 요즘 업무와 관련해서 Z세대들을 자주 만납니다. 제가 만나는 Z세대들은 '커리어에 대한 고민'을 많이 합니다. 이들과 대화를 시작할 때는 "요즘 데이터 정리하느라 정신없죠?"라면서 업무에 대한 관심을 표현해 주거나, "최근에 차장님한테 들으니 정 사원이 데이터 분석을 잘한다고 하더라고요. 어떻게 하길래 그런 칭찬을 하는지 궁금했어요."와 같이 팀원의 업무적인 부분에서 '인정과 칭찬'으로 시작하는 것이 말문을 여는 데 도움이 됩니다.

Z 세대 또는 여직원이기 때문에 이렇게 하자, 라는 기준은 없습니다. 그저 그들의 일과 성장에 관심을 갖는 대화를 하면 훨씬 다가가기가 수월할 뿐입니다. 자신의 성장에 관심을 가지는 사람이기 때문이죠.

조금 더 구체적으로 말씀드려보겠습니다. 예를 들어, 어제 팀원이 메일로 자료를 보냈다고 해 봅시다. 이때 어떻게 답장을 보내야 할까요? 보통은 '메일 잘 봤다. 수고했다.' 정도가 될 겁니다. 그런데 이런 식이면 대화가 길게 이어질 수가 없습니다. 그래서 단답형의 대답이 아닌 상대에게 관심을 갖는 듯한 질문을 넣어주시면 됩니다.

"어제 보내준 메일 봤어요. 자료 만드느라 고생했을 것 같습니다. 혹시 준비하면서 어떤 부분을 중요하게 여기면서 했었나요? 또 하면서 어떤 부분이 어려웠었죠?"

이렇게 과정을 물으면 팀원은 "차장님께 여쭤보면서 했습니다. 작년 보고서를 참고해서 2가지 데이터를 추가로 수정했습니다."라는 업무의 과정을 이야기할 겁니다. 그러면 팀장은 "물어보면서 자료를 정리하는 거 너무 좋은 거 같아요. 내가 자주 알려줘야 하는데, 요즘 전략회의로 바쁘다 보니 걱정이 되기도 했었거든요. 정 사원이 선배들에게 물어보면서 해 주니 안심이 되네요."와 같이 칭찬을 곁들여 이야기하는 것이죠. **결과가 아닌, 과정을 묻는 대화를 통해서 Z세대의 현재 고민과 노력을 찾는 대화를 하는 것**입니다.

그렇다면 반대로 Z직원에게 반드시 하지 말아야 할 말은 무엇일까요? 주로 외모, 다이어트, 패션 등에 대한 칭찬이나 결혼, 연애, 출산 등에 대한 질문은 삼가야 합니다. 이는 남자든 여자든 동일하게 적용할 부분입니다. 중년의 팀장이 많이 하는 실수가 "오늘 데이트 있어요? 예쁘게/멋지게 옷을 입고 왔는데요." 같은 말들입니다. 팀장은 칭찬이라고 생각할 수 있겠지만 너무 개인적인 관심은 요즘 세대 팀원들 마음에 장벽을 만듭니다. "주말에 뭐 했어요? 퇴근하고 뭐 해요?"와 같은 질문도 필패 리더십에 해당하는 내용입니다.

이 부분은 시대의 특징이 되어가고 있는 것 같습니다. 기준은 팀장의 친근함이 아니라 대화를 나누는 팀원이 느끼는 친근함이 되어야 합니다. 어떤 팀원은 팀장과 3~4년 같이 일했을 수도 있습니다. 그 팀원에게는 솔직한 이야기를 편하게 할 수 있습니다. 하지만 라포Rapport(신뢰 관계 형성)가 구축되지 않은 직원에게 초기에 훅~ 들어가는 대화를 하게 되면 빠르게 장벽을 쌓아버린다는 것을 기억하시기 바랍니다.

또한 Z세대 직원과 함께 일할 때 팀장은 기준과 원칙, 공정함에 대해서 자주 말씀해 주셔야 합니다. 팀원과 원온원을 할 때 '평가와 피드백', '목표와 과업', '보상과 승진'에 대해서 팀장이 객관적인 기준을 확고히 가지고 있다는 것을 자주 알려줘야 팀장의 말과 의사 결정의 의도가 명확하게 전달될 수 있습니다.

팀을 운영할 때 가장 중요한 것은 '우리 팀의 목표와 목적'입니다. 그리고 그 목표를 이루기 위해 우리는 어떤 인재가 필요한지, 어떻게 일을 해야 하는지를 팀원들이 알고 있어야 하죠. XYZ세대, 여직원과 남직원이라는 구분이 아닌 '팀원'이라는 동일한 기준에서 말입니다. 저는 이 부분을 팀장뿐만이 아니라, 팀원들도 함께 가져가야 한다고 생각합니다.

tip. 성과를 관리하는 방법

· C.O.A.C.H 모델에 맞게 과업을 구체적으로 부여한다.

· 팀원의 역량과 의지에 따라 지시(설명)와 질문의 방법을 사용한다.

· 필요한 지식과 경험을 학습하는 규칙을 정한다.

· 결과가 아닌, 일하는 과정에 관심을 갖는다.

3장

저성과자 관리로 얻은
세 번째 기회

저성과자 팀원에게
성과개선이 필요한 경우입니다

팀장들이 1년 중 가장 많은 시간을 투자하는 것은 '평가와 피드백'입니다. 가장 어렵고 힘든 시간이죠. 그래서 매년 12월이 되면 팀장들은 평가와 피드백 교육을 받습니다. 한번은 그룹사 전체 팀장들과 8회차 과정으로 워크숍을 했습니다. 이때 두 명의 팀장이 질문을 주셨습니다.

"1년 동안 정말 노력해서 성과도 좋은 팀원이 있는데 상대평가라는 이유로 그 팀원에게 A를 주지 못하는 게 미안합니다. 어떻게 해야 할까요?"
"반복해서 저성과를 내고 있습니다. 더 잘하려는 의지도 없고, 적당하게 하고 싶다고 말하는 팀원을 어떻게 해야 할까요?"

이 두 질문은 정답이 없고 팀에서 매번 반복되는 문제입니다. 회사마다 평가 기준과 제도가 다르기 때문인데요. 그래서 팀장 스스로 자신만의 정답을 찾는 고민이 중요합니다. 저는 명확한 답 대신 이런 의견을 드렸습니다.

"팀장이 모든 것을 해결해 줄 수는 없습니다. '모두 다 해결해 줘야지'라는 마음을 내려놓는 것이 먼저입니다. 그리고 팀장이 할 수 있는 것과 할 수 없는 것을 구분해 보시면 좋겠습니다."

이에 대한 구체적인 대안은 다음과 같습니다. 먼저, '승진시켜 주는 것', 'A 평가를 주는 것'은 팀장의 권한 밖의 일입니다. 이는 2차, 3차 리더의 권한이고, 회사 HR 제도의 역할입니다. 대신 팀장이 할 수 있는 것이 있습니다. A 평가를 주지 못한 팀원의 기여와 성과를 잘 정리해서 2차, 3차 리더에게 어필하고, HR을 찾아가 우리 팀의 성과와 팀원들에 대한 정보를 공유해 주는 것입니다. 그리고 더 나은 평가를 받을 수 있도록 팀원을 홍보하는 것이죠. 그리고 그 과정과 팀장의 노력을 팀원에게 공유해 주세요. 결과가 어찌 되었건 말입니다.

이때 핵심은 팀원의 목표와 결과가 팀/회사에 어떤 영향을 주었는지, 어떤 성장을 했는지를 파악하는 것입니다.

저성과자에게도 해 줄 수 있는 것이 있습니다. 저성과 상태인 팀원이라면 가르치고, 도와주고, 알려줘서 온전한 상태로 바꿔주시면 됩니다. 팀장의 시간과 에너지를 투자해서 말입니다. 하지만 반복된 저성과자라면 '명확한 목표와 기대를 공유하는 것'이 첫 번째입니다. 목표를 적당한 수준으로 낮추는 것이 아니라, 명확하게 기대하는 수준을 공유하고, 촘촘하게 디렉션과 피드백을 전달하는 것입니다. 그 과정에서 잘하고 있다면 인정과 칭찬도 따라와야 하겠죠.

그럼에도 불구하고 변화하는 모습이 없다면 그때는 2차, 3차 상사나 HR에게 도움을 요청합니다. 팀장이 팀원의 동기와 역량을 끌어올리기 위해 최선으로 노력했음에도 팀원의 변화가 없다면 그것은 팀장의 책임이 아닙니다. '잘못 뽑은 리더와 회사 시스템, 그리고 문화의 문제'인 것이죠. 그래서 팀장, 상사 그리고 HR이 모두 함께 그의 성장을 돕거나 솔직하고 명확한 메시지를 전해야 합니다.

팀원을 매니징하는 과정에서 팀장이 지치면 안 됩니다. 팀장이 심리적, 체력적으로 먼저 낙오하면 팀원 모두가 동기를 잃어버리게 됩니다. 팀장이 가진 에너지의 상당 부분은 일을 잘하는 직원들, 조직에 기여하는 직원들에게 사용해 주셔야 합니다. 그리고 남는 에너지를 저성과가 반복되는 직원, 의지가 없는 직원들에게 사용하세요. 그래야 팀이 성장하고, 팀장도 성장합니다.

저성과자는 '일을 못 한다'는
오해가 있습니다

  팀에는 언제나 저성과자들이 포진해 있습니다. 그럼 저성과자를 구분하는 기준은 무엇일까요? 가장 먼저 이야기할 수 있는 것은 '기대'입니다. 리더가 팀원에게 거는 기대를 반복해서 충족시키지 못할 때 그 팀원이 '저성과자'가 되는 것입니다. 그럼 팀원도 자신이 저성과자라고 객관적으로 인지하고 있을까요? 일부는 그렇지만 꽤 많은 팀원이 '나는 나름 열심히 했는데….', '맡겨진 일은 빠짐없이 다 했는데….'라는 생각에 억울해하며 자신을 저성과자라고 판단하지 않습니다. 이 차이는 바로 **리더가 팀원에게 기대하는 결과와 팀원이 자신에게 기대하는 결과가 다르기 때문**입니다.

  업무 능력은 비슷하고 연봉만 차이가 난다고 할 때 근무 15년 차, 5년 차, 3년 차 팀원 중에 누가 가장 어려운 일을 하는 것이 맞을까요? 바로 15년 차입니다. 그런데 간혹 15년 차에게 가장 쉬운 일을 맡기는 경우가 있습니다. 그가 반복해서 성과를 내지 못하는 '저성과자'이기 때문입니다. 이때 5년 차와 3년 차는 불만을 갖게 됩니다. '왜 우리가 연봉은 훨씬 적은데 더 어려운 일을 하고 고생을 해야 하지?'라고 말입니다. 그렇다고 15년 차가 불만이 없는 것도 아닙니다. '나는 주어진 일을 다 했는데 왜 인정받지 못하지?'라는 속상함이 유발됩니다.

성장을 위해 의도적으로 과업의 난도를 높이는 것은 좋은 방법입니다. 반대로, 일을 못한다는 이유로 기대(목표와 과업)를 낮추면 성장을 막게 됩니다. 팀장과 팀원이 서로를 향한 기대를 맞추는 것만큼 평가와 피드백에서 중요한 것은 없습니다. 팀장과 팀원의 기대가 다르면 '잘했다'라고 하기도 애매해 결국 좋은 평가를 줄 수도 없기 때문입니다.

S 법인의 임원분을 코칭하던 때였습니다. 회계사인 임원분은 회사 내에서도 정말 기준이 높은 분이었고, 그분과 함께 일하는 많은 사람이 도달하기 어려운 기준 때문에 힘들어했습니다. 그래서 조금이라도 쉬운 부서로 이동한 직원들도 많았죠. 한번은 코칭을 하기 직전에 그 임원분이 즐거운 표정으로 반가운 전화를 받았다고 하셨습니다. 힘들어서 조금 더 쉬운 부서로 이동했던 팀원이 다시 돌아올 수 없겠냐고 문의를 했다는 것이죠.

이유는 하나였습니다. 쉬운 부서에 갔더니 몸은 편하고 시간도 여유로워 좋은데, 1년이 지나고 보니 이력서에 쓸 내용이 없더라는 겁니다. 이사님과 일할 때는 몸은 힘들어도 이력서에 쓸 내용들이 많았고, 그게 성장 과정이었다는 걸 알게 되었다는 것이었죠.

목표가 다소 높은 수준이라면 늘 고생이 수반되고 수많은 학습을 진행해야 합니다. 지금 내 수준에서 할 수 없는 과업들이니까요. 그런데 그런 고생과 학습은 결국 내 이력이 되고, 나를 그 누구보다 빠르게 성장시켜 주는 원동력이 되기도 하죠.

저성과자에 대한 오해 중에 하나는 '일을 못 한다'라는 생각입니다. 이는 '일을 못 하는 직원'과 '저성과자'를 동일시하고 있을 때 나오는 상황입니다. 일을 못 하는 사람과 저성과자는 큰 차이가 있습니다. '일을 못 하는 사람'은 결과물을 만들어 내지 못하는 사람이고, 스스로 일을 찾지 못하는 사람입니다. 하나를 알려줘도 하나조차 제대로 하지 못하는 사람에 해당하죠. 하지만 **저성과자 중 상당수는 일을 잘하기도 합니다. 단지 기여가 낮은 사람일 뿐입니다.** 기대보다 낮은 결과물을 냈거나, 조직의 결과에 낮은 기여를 한 직원을 '저성과자'라고 이야기합니다. 어쩌면 상당수의 저성과자는 기대가 너무 크기에 조금 기다려주는 시간이 필요한 저성과 상태의 직원일지도 모릅니다.

저성과자는
두 부류가 있습니다

'일을 못 한다'라는 말은 어느 정도 기준이 정해져 있습니다. 그 기준은 조직, 회사 그리고 직무마다 비슷할 겁니다. 하지만 저성과자의 기준은 리더가 정할 수밖에 없습니다. 리더가 구성원의 결과물을 보고 기대에 미치지 못하면 그때서야 팀원을 '저성과자'라고 판단할 수 있기 때문입니다. 저성과는 그래서 주관적일 수밖에 없습니다. 그러니 한 번에 판단할 것이 아니라, 먼저 해당 직원이 반복적인 저성과자인지, 단기적인 저성과자인지를 구분할 필요가 있습니다.

'단기적인 저성과자'를 '저성과 상태에 놓였다'라고 말하기도 합니다. 이는 특정한 상황 때문에 일시적으로 역량이 부족한 상태를 의미합니다. 이전과는 전혀 다른 새로운 과업이나 직책을 맡았을 때, 협업하는 사람이나 리더가 바뀌었을 때, 부서나 회사 이동으로 환경이 바뀌었을 때 등이 이에 해당합니다. 이 경우는 팀원에게 잠시 '과업이나 새로운 환경에 적응할 수 있는 시간'을 부여하면 됩니다. 또 '반복적인 저성과자'라 하더라도 일을 잘하는 사람이라면 '과업'과 '부서'와 '일하는 방식'에 변화를 주어 성과로 연결할 수도 있습니다. 다시 말하지만, 저성과자는 단순히 일을 못 하는 사람이 아닙니다. 저성과자는 자신의 수준과 경력, 연차에 비해 다소 부족한 결과물을 내는 직원입니다. 10년 차와 5년 차의 저성과자 기준이 다르고, 연봉과 직급에 따라 기준이 다를 수밖에 없다는 것이죠.

그래서 저성과자들을 볼 때 역량과 의지뿐만이 아니라 그들이 현재 맡고 있는 과업의 레벨과 난이도, 과업의 수준을 체크해야 합니다. 이는 곧 낮은 수준의 목표를 130% 달성했다고 해서 고성과자가 될 수 없다는 의미입니다. 만약 10년 차, 20년 차, 30년 차 고참 선배가 3~4년 차 후배들보다 낮은 수준의 과업을 하고 있다면 그들은 저성과자로 분류해야 합니다. 이때 팀장은 자신의 기대와 담당자의 레벨에 맞는 목표, 그리고 그 결과물을 함께 보는 시각이 필요합니다.

그리고 단기적인 저성과자보다 더 짧은 시간에 성과를 내지 못하는 '일시적인 저성과자'도 있다는 것을 팀장은 알고 있어야 합니다. 이때 이 팀원은 '저성과자'라기보다는 '저성과 상태'라고 생각하는 것이 좋습니다. 이때 팀장은 저성과 요인이 무엇인지를 찾아서 그 문제를 함께 해결해 주는 리더십이 필요합니다.

팀 내에서 저성과자가 있을 경우, 먼저 두 부류로 구분해야 합니다. 한 부류는 조직에 기여하지 못하는 것을 아무렇지 않게 생각하는 팀원이고, 다른 한 부류는 저성과 상태에 놓였지만 노력하는 팀원이죠. 둘의 차이는 '의지의 차이'입니다. 저성과 상태인 직원은 일을 잘하려고 하는 의지가 있지만, 저성과자 팀원은 일을 잘하고자 하는 의지조차 없는 팀원입니다. 저성과 상태인 팀원에게서 찾아야 하는 것은 그의 부족한 부분입니다. 특정 기술, 스킬, 툴, 소통, 리소스에 문제가 있는 것인지 아니면 시간이 부족해서인지를 판단해서 부족한 부분을 채워줄 필요가 있죠.

저성과 상태인 팀원들은 조직에 기여하기 위해 노력하고 학습하고 있을지도 모릅니다. 하지만, 아직까지 결과가 기대만큼 나오지 않고 있을 뿐입니다. 이때 리더와 동료들이 다양한 관점, 지식과 경험을 공유해 주면 저성과 상태를 벗어날 수 있습니다.

반면, 조직에 아무런 기여를 하지 못함에도 큰 의지가 없는, 한 마디로 일을 못 하는 팀원은 저성과 상태인 팀원과 큰 차이가 있습니다. 이들은 결과물을 만들어 내지 못할 뿐 아니라 스스로 일을 찾을 생각도 하지 못하는 사람입니다. 일을 잘하려는 의지가 없기 때문이죠. 그래서 하나를 알려줘도 하나를 하지 못하는, 아니 하지 않으려는 팀원에 해당합니다. 이들에게는 '조금 더 시간을 주면 잘하겠지?', '피드백을 주면 잘하겠지?'라는 생각보다 조금은 세심하게 지시하고, 자주 피드백을 하는 것이 먼저입니다. 그런 뒤 저성과자의 결과물과 태도를 보며 이전보다 노력하는 부분에 대해서 칭찬을 해 주고, 피드백을 반복적으로 해 줘야 합니다.

저성과자 팀원은
핵심 3가지를 갖추어야 합니다

Critical moment

한번은 25년 차 부장을 팀원으로 두고 함께 일하고 있는 팀장을 만난 적이 있었습니다. 그 부장은 스스로 "맡은 일을 잘하고 있다, 열심히 하고 있다."라고 말하지만, 팀장은 "결코 그렇지 않다."라고 합니다. 이렇게 상반된 평가가 나오는 이유는 무엇일까요? 바로 '기대가 달랐기 때문'입니다.

그 기대는 팀장이 팀원에게 바라는 역할, 결과물, 일하는 방식 그리고 역량에 해당합니다. 팀원 또한 '이 정도 하면 내 역할은 다한 거겠지?'라고 생각합니다. 이 기대가 팀원이 자신의 성과를 바라보는 기준이 됩니다. 그러면 당연히 팀장과 팀원의 기대는 달라질 수밖에 없습니다.

기대에는 2가지가 있습니다. '내가 나에게 거는 기대'와 '남이 나에게 거는 기대'입니다. 이를 'INTERNAL'과 'EXTERNAL'이라고 말합니다. 일을 잘하는 사람들은 기본적으로 이 2가지의 기대가 자신이 만들어 낸 결과물과 일치한다고 보면 됩니다. '일잘러'들은 자신이 만들어 낸 결과물들이 자신이 기대하는 것과 팀장과 동료가 기대하는 부분을 충족했다고 볼 수 있습니다. 반대로 자신에게 후한 평가를 주지만 정작 연말 성과 평가에서는 만족스러운 결과를 받지 못하는 팀원들은 서로에 대한 기대가 다르다는 것을 알게 됩니다. 그래서 이 기대를 맞추는 것이 팀장에게도, 팀원에게도 중요합니다.

그럼 조직에서 기대를 맞출 때는 언제일까요? 바로 '목표를 수립할 때'와 '과업과 역할을 부여받을 때', 마지막으로 '성과 평가를 할 때'입니다. 위의 사례에서 가장 잘못된 타이밍은 '목표 수립'입니다. 앞서 이야기한 25년 차 부장이 가장 많은 시간을 사용한 과업은 놀랍게도 영수증과 보고서 정리였습니다. 실제 이 팀은 기획부서로 대리와 과장급 직원들은 기획 보고서를 작성하는 반면, 부장 팀원은 가장 낮은 수준의 과업을 맡고 있었습니다. 이는 인턴이나 신입사원도 할 수 있는 일들이죠.

저성과자 팀원에게 가장 해서는 안 되는 행동이 바로 '쉽게 할 수 있는 수준의 일을 맡기는 것'입니다. 중요한 일을 맡기면 실수를 하거나 제대로 일을 하지 않기에 팀장은 그들에게 만만한 일을 맡깁니다. 가장 안전하게 결과를 만들어 낼 수 있기 때문입니다. 그런데 이때 팀원은 자신에게 주어진 목표가 자신의 기대이자, 자신의 역할이라고 생각하게 됩니다. 그리고 자신에게 주어진 일만 잘하면 좋은 평가를 받을 수 있다고 생각하죠.

그렇게 연말 성과 평가 시즌이 되면 '나는 주어진 일을 잘해 왔으니 평가도 좋겠지.'라고 스스로를 좋게 평가하게 됩니다. 더 어려운 과업을 맡았던 후배 팀원들도 있다는 생각은 깡그리 잊어버립니다.

따라서 저성과자들에게 가장 중요한 것은 바로 '기대에 맞는 과업과 목표를 부여'하는 것입니다. 팀원과 팀장의 '기대'를 맞추는 것이죠. 그렇게 서로의 기대가 얼라인되었을 때 역량이 부족한 팀원은 스스로 노력할 수밖에 없는 환경에 놓이게 되는 겁니다.

저성과자들은 크게 2가지가 부족하다는 공통점이 있습니다. 우리가 '역량'이라고 부르는 '일하는 방식'을 모르는 것이 첫 번째입니다. 역량은 '우리 팀에서 그 과업을 수행하는 데 필요한 업무 방식'을 말합니다. 즉, 결과를 만들어 내는 데 필요한 지식, 스킬, 도구, 일하는 프로세스 등이 이에 해당하죠. 그걸 모르기 때문에 좋은 결과를 만들어 내지 못하는 겁니다.

또 하나는 바로 '의지'입니다. 일을 잘하고 싶은 의지가 없으면 좋은 결과가 나오지 않습니다. 그리고 이 의지는 저성과 상태의 팀원과 구분되는 기준이 됩니다. 그래서 저성과자 팀원을 코칭할 때 '기대 수준', '역량', '의지' 이렇게 3가지를 반드시 고민해야 합니다.

팀장님은 25년 차 팀원에게 조금 더 난도 있는 과업을 주는 것으로 자신의 리더십을 바꾸기 시작했습니다. 이 과정에서 팀원이 힘들어 하는 부분이 바로 '보고서 작성'과 '데이터 분석'과 같은 작업이라는 것을 알게 되었다고 합니다. 요즘 세대에게는 너무나도 쉬운 기본 스킬이 25년 차 팀장에게는 어려운 과업이었던 것이죠. 과거에는 서무직이라는 보직이 부서의 서류 작업을 담당해 주었기에 이런 작업을 배울 기회가 없었던 것이죠.

그래서 다른 팀원들이 이 팀원에게 컴퓨터와 관련된 기본적인 스킬을 가르쳐 주는 시간을 갖도록 했습니다.

기대(과업과 목표)가 달라지면 일하는 방식이 달라질 수 밖에 없습니다. 특히, 저성과자에게는 어려운 일이 되기도 하고, 팀장에게는 기다리는 시간과 낮은 결과물을 마주해야 하는 인고의 시간이 되기도 합니다.

그런데 직장인은 '과업과 결과물'을 통해서만 성장의 기회가 있습니다. 저성과자에게도 동일하게 그들에게 기대하는 수준의 일과 과업을 맡겼을 때 아주 작은 학습과 도전 그리고 성장의 기회가 생기는 겁니다.

'의지와 태도'는 좋은데
저성과 상태입니다

Critical moment

마케팅 팀장은 정 대리 때문에 고민입니다. 정 대리는 매번 업무를 지시하면 "네, 알겠습니다."라고 즉각 대답도 잘하고, 실제로도 아침 일찍 나와서 저녁 늦게까지, 심지어는 주말까지도 출근해 업무를 해결하려고 노력합니다. 그런데 중간중간 업무의 진도를 확인해 보면 지시한 내용과 다른 방향으로 가고 있습니다. 다시 지시를 하자니 시간도 많이 걸리고 최종 결과물도 마음에 들지 않습니다. 처음에는 열심히 하는 모습에 격려도 했지만, 점점 팀장은 지쳐갔습니다. 주변에서도 정 대리가 너무 늦게까지 매일 고생한다며 이야기를 하는데, 속내를 아는 팀장은 그런 이야기를 듣는 것도 부담스럽기만 합니다. 정 대리 입장에서도 팀장이 격려는 해 주지만 자꾸 만족스럽지 못한 결과에 대한 피드백이 올 때 부끄럽고 미안하기만 합니다. 그러다 보니 자신있게 진행 사항에 대해 이야기하거나 궁금한 것도 물어보지 못해 스스로 위축되어 악순환이 반복되고 있었습니다.

이렇게 의지는 있지만 결과물이 좋지 않은 저성과 상태의 팀원을 어떻게 가르쳐야 할지 모르겠다는 팀장이 가장 먼저 구축해야 할 부분은 '심리적 안전감'을 갖고 언제든지 고민과 업무 장애물을 이야기할 수 있는 환경을 구축하는 것입니다. 정 대리가 현재 팀장의 피드백을 잘 활용하지 못하고 있기 때문입니다. 저는 팀장이 팀원과 주 1회 이상 원온원 대화를 시작해 보길 추천합니다. 이때 팀장이 팀원에게 이렇게 이야기해 주면 좋습니다.

"정 대리, 이 과업은 처음 맡는 일이잖아. 그래서 익숙해지는 데 시간이 조금 걸릴 수 있어. 익숙해질 때까지는 나랑 더 자주 만나서 이야기를 나눠보면 좋을 것 같은데, 매주 월요일, 목요일 오후에 30분씩 정기적으로 만나면 어떨까? 정 대리가 그때까지 진척도를 공유해 주고, 궁금한 부분이나 막히는 부분을 물어보면 내 의견을 공유할게."

이 대화를 통해 팀원은 과업에 대한 부담감이 조금 줄어들 겁니다. 더 높은 수준의 기대와 함께 어떤 노력이 필요한지를 알려주는 대화가 되기 때문입니다. 문제를 팀원의 부족함으로 보지 않고 함께 개선할 학습 주제로 바라보는 것이죠.

이때 팀원 관점에서는 팀장의 시간을 과도하게 뺏는다고 걱정할 수도 있습니다. 또 그만큼 자신에게 부족함이 많다는 생각에 위축될 수도 있죠. 그럴 때 또한 팀장이 충분히 그럴 수 있다는 것을 인지하고 미팅 시간의 마감 날짜를 지정해 주시면 좋습니다. 바로 이런 식이죠.

"정 대리가 이 보고서를 혼자 70~80% 정도 작성할 수 있게 되면, 또는 데이터를 분석하는 역량이 조금 올라오면 그때는 정 대리가 필요로 할 때만 중간 피드백을 해 줘도 좋을 것 같아."

'원온원'의 완료 시점을 알려주는 이유는 '내가 부족한 것이 많아 끊임없이 지적을 받고 있구나'라고 생각하는 것을 막고, '다음 단계로 가기 위해 학습하는 과정이구나'라고 생각하게 하기 위함입니다. '나는 못할 거야'라고 생각하는 순간, 실제로 그것을 실행하기 어렵게 되는 심리는 '자기충족적 예언Self-fulfilling prophecy' 또는 '고정관념 위협Stereotype threat'으로 설명될 수 있습니다.

'자기충족적 예언'은 '어떤 일이 일어날 것이라는 믿음이 그 일을 실제로 일어나게 만드는 심리적 메커니즘'을 말합니다. 그래서 '나는 못할 거야'라는 부정적인 믿음들이 스스로의 행동과 태도에 영향을 미쳐, 그 믿음이 현실화되는 상황을 초래하게 되는 것이죠.

'고정관념 위협'도 있습니다. 이는 '자신이 속한 그룹에 대한 부정적인 고정관념을 인식할 때, 그에 부합하는 방식으로 행동할 가능성이 높아지는 현상'을 의미합니다. 예를 들어 '나는 문과 성향이 강해서 수학을 잘못할 거야'라고 생각하면 실제로 수학 시험에서 평소보다 더 낮은 점수를 받을 가능성이 높아집니다. 부정적인 기대감이 스트레스와 불안감을 증가시키고, 능력 발휘를 방해하기 때문인데요. 따라서 팀원들이 팀장과 자주 원온원 미팅을 하는 이유를 '내가 부족하기 때문'이라고 인식하지 않고, '지금은 학습하는 시간'이라고 인식하도록 돕는 것은 무척 중요합니다.

이제 중요한 것은 중간 피드백 대화입니다. 이때 팀장이 해야 하는 것은 '팀원의 결과물을 평가하는 것이 아닌, 업무 과정을 물어보는 것'입니다. 현재 결과물을 만들어 낸 방법을 물어보는 것이죠.

"정 대리가 보고서를 만든 과정을 조금 구체적으로 설명해 줄래요?"
"이 업무를 하면서 가장 중요하게 여긴 부분은 무엇이었나요?"
"가장 어려웠던 부분은 무엇이었나요?"
"보고서를 작성하면서 나에게 물어보고 싶은 부분은 무엇이었어요?"

이렇게 결과물의 과정을 묻는 질문을 해 보면 좋습니다. 그리고 더 깊은 질문을 하며 구체화해 보면 팀원이 업무를 하면서 모르는 것이 무엇인지를 알게 됩니다.

특히 사례처럼 '지시한 내용과 다른 상황으로 가서 힘들다'는 내용을 보면 지시한 내용과 결과물이 다른 이유를 두 가지로 찾을 수 있습니다.

하나는 '지시한 내용을 어떻게 혼자서 해야 할지 제대로 이해하지 못한 것'이고, 다른 하나는 '지시한 방법을 잘 모른다는 것'입니다. 그래서 저성과 상태인 팀원들과 중간 피드백 대화를 할 때 팀장은 이런 질문을 자주 해야 합니다.

"지금 내가 알려준 방법을 어떻게 실행할 수 있을까요?"

"정 대리가 이해한 내용을 한번 설명해 줄래요?"

"이 방법으로 하게 되면 걱정되거나 내가 도움을 줘야 할 부분이 있을까요?"

이렇게 과정에 대한 팀장의 질문을 받으면 팀원들은 자신이 알고 있거나, 팀장이 알려준 방식을 다시 설명하게 됩니다. 그저 영혼 없이 "알겠습니다"로 답하는 것이 아니라, 팀장과의 업무 대화를 분석해서 설명해야 하니 조금 더 구체적으로 말할 수밖에 없습니다. 자신이 이해하지 못하는 방법으로 일할 수는 없기 때문입니다. 이때 모르는 부분이 나오면 가르쳐 주거나, 샘플 자료를 공유해 주는 방법으로 학습을 시켜줘야 합니다. 그러면 확실한 진척이 보이기 시작합니다.

저성과자인데
시키는 업무만 합니다

Critical moment

B to B 세일즈를 하는 영업팀 유 팀장은 김 차장에게 C 고객사에서 요구한 ○○ 프로젝트를 진행하라고 지시했습니다. 유 팀장은 김 차장이 근무 경력도 많고 유사 프로젝트 진행 경험도 많아서 프로젝트 제목과 목표 정도만 알려주면 알아서 설계하고, 필요한 이슈가 있다면 팀장에게 논의를 요청할 것으로 기대하였습니다. 그런데 김 차장은 프로젝트를 맡은 뒤 얼마 동안 아무런 반응이 없었습니다. 그래서 '어떻게 진행되고 있는지'를 물어보니, 오히려 "팀장님이 구체적으로 업무를 지시하지 않아서 진행하지 않고 있었다."는 황당한 대답을 했습니다.

속이 시커멓게 타들어 갔지만, 유 팀장은 일단 김 차장이 워낙 유능하니 계속 일을 맡겨보기로 마음먹었습니다. 일단 ○○일까지 고객사를 만나고, ○○일까지 요구사항을 받으라는 등 구체적으로 업무를 전달하였습니다. 그러자 김 차장은 유 팀장이 시킨 것에 대해서만 회신했습니다. 충분히 후속 작업이 있을 법한 상황에서도 지시한 업무 이외의 일은 진행하지 않았습니다.

무엇보다 큰 문제는 고객사와 프로젝트를 진행하면서 고객사의 요구사항에 대해 본인의 생각이나 해결 방안을 고민하지 않고 유 팀장에게 그대로 전달만 하고, 또 팀장이 회신한 내용을 고객사에게 피드백 없이 넘긴 겁니다. 유 팀장은 '이럴 바에는 차라리 내가 업무를 직접 처리하는 것이 더 낫겠다'라는 생각이 들었습니다. 또 어디까지 업무를 지시해야 하는 게 맞을지도 고민이 되었고, 주변에 김 차장보다 직급이 낮은 친구들이 어떻게 생각할지도 신경이 쓰였습니다.

역량은 있지만, 스스로 일을 하려는 의지가 부족한 팀원이 보여주는 전형적인 행동이죠. 더 잘할 수 있는 능력이 있음에도 리더가 지시하지 않으면 자신이 할 수 있는 일만 하고, 더 이상의 노력은 하지 않습니다.

이때 팀장은 어떻게 해야 할까요? 한 가지 제안을 드릴 수 있는 것은 행동이 아닌 기대하는 목표를 먼저 합의하고, 이후 업무는 팀원이 스스로 설계하도록 유도하는 대화를 해 보는 것입니다.

만약 제가 팀장이었다면 김 차장에게 이런 질문을 했을 것 같습니다.

"C 고객사에서 요구한 ○○프로젝트의 최종 결과물은 무엇입니까?"

"C 고객사가 기대하는 중간 결과물은 무엇입니까?"

"그것을 해결하기 위해서 김 차장이 만들어야 하는 것은 무엇입니까?"

"팀장인 내가 도와줘야 할 부분은 무엇입니까?"

"프로젝트를 진행하는 과정에서 어느 주기로 중간 피드백 미팅을 해 보면 좋을까요?"

이 질문과 대화의 핵심은 '고객사가 우리에게 기대하는 것을 구체화하고, 그 결과물을 김 차장이 미리 시뮬레이션할 수 있도록 하는 것'입니다. 만약 김 차장이 역량이나 경험이 부족하다면 팀장이 구체적인 업무를 지시했겠지만, 업무 능력이 어느 정도 갖춰졌기에 이렇게 질문하는 것이 도움이 됩니다.

팀원 입장에서도 팀장이 위와 같은 질문을 하게 되면 스스로 고민해야 하는 머리 아픈 상황에 놓이게 됩니다. 그런데 그것이 바로 팀장이 질문하는 목적입니다. 팀원이 스스로 생각하고 결과물을 만들어 낼 수 있는 수준으로 이끌기 위함입니다. 그래야 팀장이 다른 과업을 수행하고, 역량이 부족한 팀원에게 조금 더 시간을 쓸 수 있습니다. 여기서 핵심은 **'팀장이 주도적이면 팀원은 주도적일 수 없다'**입니다. 가정에서도 부모가 모든 것을 주도적으로 결정하게 되면 아이들은 스스로 생각할 필요 없이 부모가 알려주는 방법으로만 공부하고, 진로를 결정합니다. 아이가 주도적인 방법으로 학습한다면 부모는 주도적일 필요가 없습니다. 단지, 아이가 더 나은 결정을 할 수 있도록 돕고, 혹시나 아이가 놓치고 있는 부분이 있다면 함께 찾아가는 시간만 만들면 됩니다.

직장에서 리더의 질문은 팀원들이 주도적으로 과업에 대해 생각할 수 있도록 만들어 주는 힘을 가지고 있습니다. 만약 리더가 수없이 많은 질문을 던지며 팀원의 주도적인 모습을 끌어내려 노력했지만, 팀원이 수동적인 모습으로만 접근한다면 '스탠딩 오더Standing order(하지 말라는 지시가 내려오기 전까지 무조건 수행해야 하는 과업)'를 반복할 수 있도록 도와주면 좋습니다. 예를 들어 '프로젝트 과업을 시작할 때는 위에서 제시한 다섯 가지 질문을 주제로 무조건 팀장과 미팅을 한다'라는 방법을 고수할 수도 있습니다. 팀장이 하라고 하지 않아도 프로젝트를 시작할 때는 무조건 해야 하는 선행 과제입니다. 팀장이 제시한 질문을 팀원이 스스로에게 할 수 있는 질문으로 다시 한번 정리해 보겠습니다.

"고객사에서 요구한 최종 결과물은 무엇일까?"
"고객사가 기대하는 중간 결과물은 무엇일까?"
"그것을 해결하기 위해서 내가 만들어야 하는 것은 무엇일까?"
"팀장에게 도움 요청을 할 부분은 무엇일까?"

"프로젝트를 진행하는 과정에서 어느 주기로 중간 피드백 미팅을 하면 좋은 결과를 만들어 내는 데 도움이 될까?"

이처럼 질문을 통해 팀원이 스스로 자신의 과업과 결과, 고객의 니즈에 대해 생각할 수 있는 힘을 기를 수 있도록 좋은 질문을 몇 가지 공유해 두시면 도움이 됩니다.

회계 법인의 PM A는 프로젝트를 시작할 때와 프로젝트가 끝날 때 반복하는 질문과 회의가 있습니다. 이를 통해서 매번 교체되는 프로젝트 팀원들이 동일한 관점에서 프로젝트에 임할 수 있도록 하죠. 이렇게 매번 반복하는 스탠딩 오더가 있는 이유는 '업무 습관을 바꾸기 위함'입니다. 사람은 고쳐 쓸 수 없지만, 행동과 습관은 노력에 따라 바꿀 수 있기 때문이죠. 다음은 PM A가 스탠딩 오더를 하면서 던지는 질문들입니다.

[프로젝트 킥오프]
• 프로젝트의 전체 목표와 내가 맡게 되는 결과물은 무엇인가?
• 이번 프로젝트를 통해 어떤 부분을 학습하고 배울 수 있을 거라 기대되나?
• 이번 프로젝트 기간 동안 어떤 부분이 우려되나? (개인적, 업무적)
• 이번 프로젝트에서 내가 동료들에게 도움을 줄 수 있는 부분은 무엇인가?

[프로젝트 회고]

- 프로젝트의 목표와 내가 맡은 결과물의 결과는 어떤가? (좋은 점과 아쉬운 점)
- 이번 프로젝트를 통해 나는 어떤 성장을 했나?
- 이번 프로젝트에서 나의 성장과 성공에 도움을 준 동료는 누구인가? 어떤 도움이었나?
- 다음 프로젝트에서 도전해 보고 싶은 부분은 무엇인가?

이렇게 1년에 10개 이상의 프로젝트를 운영하는 PM은 다양한 구성원들과 킥오프, 회고와 관련된 스탠딩 오더 질문을 규칙으로 제시합니다. 프로젝트를 시작할 때와 마무리할 때 이 질문으로 팀원들이 자신의 과업을 돌아보고 공유하는 시간을 갖는 것이죠. 이를 통해 팀원들은 어떻게 변했을까요? 모든 팀에는 기대보다 낮은 퍼포먼스를 보이는 저성과자들이 있습니다. 그런데 이 팀에서는 유독 저성과자가 적게 나온다고 합니다. 이유는 그들이 스스로에 대한 기대를 스탠딩 오더 회의를 통해 끌어올리고 있기 때문이죠.

저는 팀장이 지시하기보다는 질문을 통해 팀원이 어떻게 과업을 수행했는지, 혹은 수행하려고 하는지를 물어보면 좋겠다는 말씀을 드리고 싶습니다. 위에서 제시해 드린 질문들을 참고해서 본인에게 맞는 질문들을 리스트업 해 보면 어떨까요?

이렇게 해도 팀원의 행동에 변화가 없을 때는 팀장의 상위 리더와

HR의 도움이 필요합니다. 업무 부여, 구체적인 피드백과 스탠딩 오더로도 성장하지 않는다면 이제 해 볼 수 있는 방법은 '부서 재배치' 및 '직무 재배치' 혹은 '부스팅* 교육'입니다.

　저성과자들을 코칭하는 것은 정말 막막한 일입니다. 특히 잘하려는 의지가 부족한 팀원에 대해서는 더욱 그렇죠. 그래서 팀장이 저성과자를 코칭할 때 절대 하지 말아야 할 부분이 바로 '낮은 수준의 목표를 설정하는 것'입니다. 낮은 수준의 목표는 달성하기가 쉽습니다. 그래서 연말이 되면 '나는 해야 할 일을 다 했어. 그러니 좋은 평가를 받아야 해.'라고 생각하는 경우가 자주 있을 수밖에 없습니다. 실제 데이터상으로도 목표를 초과해서 달성한 것이 존재하기 때문입니다.

　이때 가장 중요한 팀장의 역할은 각 팀원에게 맞는 목표와 과업을 매칭해 주는 것입니다. 그리고 그 과업을 수행하기 위해 필요한 지식, 스킬, 도구 사용법 등의 역량이 있는지를 판단하고, 하려고 하는 의지가 있는지를 확인해야 팀원에게 적합한 리더십을 찾을 수 있습니다.

* 부스팅(Boosting) : 회사나 조직에서 저성과자들에게 특정 기간 동안 특정 교육을 집중하며 역량을 키우는 프로그램

tip. 더 잘하려는 의지가 없는 팀원을 코칭할 때

- C.O.A.C.H 모델에 맞게 업무 부여를 합니다.
- 정기적으로 과정 중심의 피드백을 합니다.
- 업무를 하면서 반복적인 스탠딩 오더 질문을 공유하고 스스로 생각할 수 있도록 합니다.
- 그럼에도 변화하지 않는 팀원은 상사와 HR의 도움을 받아 '부서 재배치', '직무 재배치', '부스팅 교육'을 진행합니다.

4장

새로운 관계를 설정할
네 번째 기회

타 조직에서 새로 합류한 팀원을 코칭해야 합니다

Critical moment

> 패션사업부에서 인정받는 A급 직원입니다. 이 직원이 갑작스럽게 식품사업부로 이동하게 되었습니다. 줄곧 패션사업부에 있었던 친구였는데 식품으로 이동하면서 꽤나 혼동스러워 보였습니다. 패션에서는 영업부에서 근무를 했었는데, 식품사업부에서는 전략기획팀으로 이동을 했기 때문입니다. 이동 이유는 간단해요. 회사가 이 친구를 식품사업부의 리더로 키우고 싶었던 거였습니다. 그래서 식품사업부에서도 이 친구를 어떻게 케어할까를 고민하고 있었습니다.

조직에서 키우고자 하는 인재가 타 부서와 타 직무에서 이동했습니다. 팀장은 이 구성원의 성장을 어떻게 이끌어 줄 수 있을까요? 독특한 사례이지만, 이 고민을 한 명의 리더가 간단히 해결했습니다.

평생 식품에서만 근무했고, 이전에는 식품영업부와 전략팀에서 부서장을 하던 직원이었습니다. 이번에 이동한 직원을 A, 식품에서 근무했던 직원을 B라고 설명하겠습니다. B가 A보다 조금 더 선배였습니다. 두 사람은 하나의 약속을 했습니다. B는 A에게 '6개월 동안 매주 1시간씩 만나서 식품사업부에 대해 궁금한 것, 전략에 대해 궁금한 것을 하나씩 해결해 줄게.'라고 제안을 했습니다. 그리고 한 달에 한 권의 책을 정해서 함께 읽고 그 책의 내용을 토론하기도 했습니다. 나중에 알게 된 사실인데, 원래는 6개월만 하기로 했었던 매주 멘토링 미팅을 2년 넘게 진행했었다고 합니다.

2년이 넘어서면서 A가 B에게 배운 것이 너무 많았는지 그 부분들을 편지로 써서 제게 준 적이 있었습니다. 그 편지에는 매주 만나서 어떤 것을 배웠는지, B가 출장이나 외근을 나갔을 때 자신에게 도움이 되는 사진과 영상을 찍어서 공유해 준 일들, 자주 함께 시장조사를 나가며 중요한 식품사업장을 들러 대화를 나눴던 일들을 빠짐없이 기록해 놨더라고요. 그때 저는 한 명의 리더가 팀원을 꼼꼼하게 정기적으로 케어하면 아무리 직무 지식이 없는 팀원도 빠르게 성장과 성공을 이룰 수 있다는 것을 알게 되었습니다. 시간이 조금 지난 후, B는 그룹에서 최연소 대표이사가 되었고, A도 큰 브랜드를 책임지는 브랜드장이 되었습니다.

팀에는 언제나 새로운 구성원들이 합류합니다. 신입과 경력도 있지만 사내 타 직무 또는 타 조직에서 새로 합류한 직원들도 있죠. 저 또한 18년 동안 직장 생활을 하며 7번의 부서 이동을 경험했습니다.

아동복 영업부 → 그룹 인재개발팀 → 아동복 프로젝트 PM → 아동복 영업부 → HRC (인사위원회) / 부회장 비서실 → 엔터 BU 인사실장 → (이직 후) 스타트업 피플팀이 제가 경험한 조직들입니다. 부서와 직무, 직책을 변경할 때마다 적응 시간이 필요했고, 누군가의 도움을 받아 새로운 문화와 일하는 방식 그리고 새로운 사람에게 적응하게 되었죠. 혼자서도 그럭저럭 잘 해나갔을지 모릅니다. 하지만, 적응을 도와준 동료들 덕분에 그 시간이 1/2 또는 1/3로 단축된 것은 사실입니다.

위의 사례를 알려드리면 항상 나오는 질문이 있습니다.

"제가 그분처럼 할 수 있을까요?"

비슷한 다른 사례를 하나 들어보겠습니다. 대기업 연구소에 근무하는 고참 직원이었습니다. 이 직원은 신입 후배들이 입사할 때마다 한 가지 행동을 반복했습니다. 6개월 동안 매주 한 번씩 후배를 만났는데요. 그는 자신만의 연구보고서를 늘 꼼꼼하게 기록해 두었고, 그중에서 중요한 자료들을 추려서 후배들에게 매주 한 가지씩 가르쳐 주었다고 합니다. 주니어 팀원은 그 6개월이 자신의 직장 생활 중에서 가장 빠르게 성장했던 시간이었다고 이야기했습니다.

위의 사례를 그대로 따라 하는 것은 쉽지 않습니다. 사실 B도 자신의 선배에게 5년이 넘는 시간 동안 이렇게 1:1로 배움의 시간을 가졌기에 후배의 성장에 이만큼 기여를 할 수 있었다고 합니다. 자신이 배운 대로 가르쳐 준 것이죠.

부서를 이동하는 직원이 가장 우려하는 부분은 무엇일까요? 저는 '막연한 두려움'이 있었습니다. '내가 잘할 수 있나?', '구성원들이 나를 반겨줄까?' 이런 두려움입니다. 그런데 그런 두려움이 무겁게 자리 잡고 있으면 과연 업무를 잘 할 수 있을까요? 아마 상당히 위축될 것 같습니다. 뭔가 부족한 것이 있어도 섣불리 이야기 못 할 것 같고, 적응하는 것에만 집중하게 되겠죠. 저 또한 부서를 이동할 때마다 적응하는 데 3개월~6개월 정도의 시간이 필요했습니다. 제품과 서비스, 동료와 고객 그리고 새로운 부서의 일하는 방식과 리더에 대해서 알아가는 시간이 필요했기 때문입니다.

자, 우리도 이제 고민해 봅시다. 우리 팀에 새로운 멤버가 합류하게 되었습니다. 팀장은 이제 어떻게 해야 할까요?

이때 가장 중요한 것은 '팀의 일하는 방식에 대해 팀원의 이해를 늘려가는 것'입니다. 팀에 대해 설명해 주는 것뿐만이 아니라, 동료들에 대해서 알아가는 시간도 필요합니다. 즉, 팀과 새로운 팀원이 서로를 알아가는 시간을 갖는 것이죠.

그래서 저는 신입 멤버가 합류하게 되면 최소한 1개월에서 2개월 정도는 매주 한 번 이상 팀장이 정기적으로 미팅하는 것을 추천합니다. 1주일에 30분 또는 1시간 정도 고정해서 만나는 것인데요. 필요하다면 점심식사를 하고, 커피챗을 하면서 대화를 나누면 좋습니다.

어떤 주제로 대화를 나누면 좋을까요? 앞에서 저는 새로운 멤버가 '내가 잘할 수 있나, 나를 반겨줄까'라는 두려움을 갖고 있다고 이야기했습니다.

그래서 이때 팀장이 팀원에게 제시해야 할 것은 '역량과 문화에 대한 공유'입니다. 역량은 일을 더 잘하는 방법이고, 문화는 사람과 팀의 특징과 히스토리입니다.

타 부서의 팀원이 오늘부터 우리 부서로 출근을 한다고 생각해 보겠습니다. 그러면 이런 제안을 하면 됩니다.

"○○님, 우리 부서에서 함께 일하게 된 것을 축하해요. 좋은 기회가 서로에게 연결되길 기대할게요. 그런데 우리가 서로에 대해 더 많이 이해하고 알고 있어야 일을 더 즐겁게 잘할 수 있을 것 같은데 1개월 정도 매주 한 번씩 만나서 이야기를 나눠보면 어떨까요? 매주 화요일이나 목요일 오후에 1시간 정도 정기적으로 만나면 좋을 것 같아요."

이때 중요한 것은 팀원이 부담을 갖지 않도록 심리적 안전감을 주는 것과 함께 팀장에 대해 궁금한 것을 메모해 두고 물어봐달라고 하는 것입니다. 준비된 자료를 공유한 뒤 가르치지 않고 팀장에게 질문하라는 이유는 무엇일까요?

만약 1주일에 한 번씩 만나는데 그때마다 팀장이 먼저 알려주고, 가르쳐 주면 어떻게 될까요? 신규 멤버 입장에서는 좋을 수도 있겠지만, '너무 간섭한다'라고 느낄 수도 있습니다. 특히 그 내용이 사소한 부분이라면 '나를 못 믿나?'라고 생각할 수도 있겠죠.

저는 상대방의 질문이나 고민을 먼저 듣고 제 의견을 이야기합니다. 그리고 "저와 이야기 나눈 부분 중에 적용하고 싶은 부분이 있어요?"라고 물어보며 선택의 주도권을 팀원에게 줍니다. 그렇게 되면 내가 하는 모든 말들이 '지시'가 아닌 '서포트', 즉 도와주는 것이 됩니다.

팀원의 고민을 먼저 듣고 대화한 이후 팀장이 다음과 같은 질문을 하는 것이 좋습니다.

가장 먼저 팀원에 대해 알아가는 질문입니다. 이때는 강점, 약점, 경험, 지식과 스킬, 동기부여 요인, 우리 팀에서 경험하고 싶은 부분 등에 대해 물어보시면 좋습니다.

"본인의 이전 직장에서 해왔던 일들을 조금 구체적으로 이야기해 줄래요?"

"○○님이 생각하는 강점과 약점은 무엇인가요?"

"남들이 가장 많이 이야기해 주는 강점과 약점은 무엇이죠?"

"언제 일이 즐거워요? 반대로 언제 일을 하기가 힘들어요?"

"우리 팀에서 꼭 경험하고 싶은 거나 배우고 싶은 것은 무엇일까요?"

"○○님이 팀 동료들에게 공유하거나 가르쳐 줄 수 있는 지식이나 스킬

이 있다면 무엇일까요?"

이러한 질문을 통해 팀장은 조금 더 팀원에 대해 알 수 있게 되고, 아는 만큼 팀원을 잘 활용할 수 있습니다.

두 번째로 1주일 동안 어떻게 시간을 썼고, 무엇을 더 배우면 도움이 될 것인지를 물어보는 겁니다.

"이번 일주일 동안 누구와 가장 많이 이야기했나요? 누구와 협업을 했나

요?"

"좋았던 점과 불편했던 점을 각각 2가지씩만 이야기해 주실래요?"

"무엇을 알면 조금 더 협업이나 적응이 편해질까요?"

이와 같은 질문으로 서로 맞춰가면서 팀원의 적응을 도와줄 수 있습니다. 이때 팀장은 회사와 팀에 대한 정보, 함께 협업하는 사람들에 대한 공유 그리고 업무적인 스킬 등 팀원이 일을 더 잘하기 위해

알아야 할 것을 많이 찾아내게 됩니다. 이런 질문은 '팀장님이 정말 나한테 관심이 있구나'라는 메시지를 전하는 장점도 있습니다. 팀에서 가장 바쁜 사람이 바로 팀장이고, 자신의 과업만으로도 벅차다는 것을 모든 팀원이 알고 있기 때문이죠. 그런 와중에 팀원을 알아가는 데 이만큼의 시간을 투자하는 것은 대단한 관심이자 정성입니다.

팀장과의 정기적인 원온원 미팅과 함께 한 가지를 더 추가한다면 '주요 일하는 방식, 툴 사용법'을 학습할 수 있도록 다른 팀원들과 매칭을 해 주는 것입니다.

- 이메일, 슬랙, 회의록 및 팀 히스토리 공유 : 멘토 케니
- 협업부서 소개, 사옥 투어 : 멘토 사라
- 보고서 작성, 사내 인트라넷 사용 : 멘토 데이빗

이렇게 신입 동료가 빨리 학습하면 좋은 스킬, 툴, 업무 프로세스 등을 다른 팀 동료에게 매칭해서 학습을 돕는 것이죠. 이때 궁금한 부분은 언제든지 담당자에게 물어볼 수 있도록 해 주면 좋습니다.

우리 팀에 합류한 지 얼마 안 된 팀원을 빠르게 적응하도록 돕는다면 그만큼 우리 팀의 퍼포먼스도 상승할 수밖에 없습니다. 이런 시간을 '온보딩'이라고 부릅니다.

많은 사람이 온보딩을 인사팀의 과업이라 생각합니다. 물론 인사팀이 해야 할 온보딩도 있습니다. 회사의 문화, 제도, 보상과 평가 등에 대해서는 인사팀이 주도하는 것이 맞죠. 하지만 온보딩의 핵심은 팀과 부서에서 진행하는 것입니다. 그래야 팀원이 빠르게 적응할 수 있습니다. 이때 팀장 혼자서 모든 것을 해결해 주려고 하지 않았으면 합니다. 팀원의 적응을 돕는 책임은 팀장이지만, 업무 스킬, 툴, 일하는 방식을 가르쳐 주는 것은 다른 팀원에게 위임하셔도 됩니다. 어쩌면 그 방법이 문화를 가다듬는 방법이 되기도 합니다.

팀장이나 팀원이 새로운 팀원을 아는 만큼 그들에게 더 많은 기회를 줄 수 있다는 것만 꼭 기억해 주시면 좋을 것 같습니다.

팀장-팀원으로 관계설정을
새롭게 해야 합니다

Critical Moment

박 팀장은 10년 넘게 일했던 부서에서 역량을 인정받아 팀장으로 승진했습니다. 그는 오랜 기간 함께 일해온 상무님, 선후배, 동료들에게 고마운 마음에 팀장으로서 조직에 좋은 성과로 기여해야겠다고 각오했습니다. 특히 그동안 선후배로 가깝게 지내던 후배 허 차장이 팀원으로 함께 일하게 되어 든든했고, 앞으로 팀장으로 새롭게 자리 잡는데 허 차장이 많은 도움이 될 것이라 기대했습니다. 하지만 최근, 믿었던 허 차장 때문에 스트레스가 이만저만이 아닙니다. 언젠가부터 허 차장은 회의를 할 때마다 후배들 앞에서 대놓고 부정적인 의견을 제시하고, 일대일 면담을 할 때도 새로운 일은 되도록 회피하려는 모습을 보여 무척 실망스러웠습니다. 지난주에는 우연히 다른 팀원과의 면담에서 허 차장에 대한 불만 사항까지 들은 터라 더더욱 허 차장에 대해 제대로 코칭을 해 줘야겠다고 결심을 했습니다. 하지만 한편으로는 자칫 말 한마디 잘못하다 친한 후배를 잃게 될까 두렵기만 합니다.

박 팀장은 허 차장을 어떻게 코치해야 할까요?

그룹 코칭을 하던 팀장과 이 주제로 이야기를 나눴습니다. 박 팀장과 거의 비슷한 상황이었는데요. 그 분 역시 팀장이 된 지 얼마 되지 않은 시점이었습니다. 팀에는 세 명의 팀원들이 있었는데, 두 명은 본인보다 선배인 팀원이었습니다. 이 팀원들은 자신들의 역할을 제대로 실행해 주고 있어서 매니징을 하는 데 큰 문제가 없었다고 합니다. 문제는 자신의 후배였습니다. 어느 순간부터인가 일을 제대로 하지 않는 모습을 보게 되었는데, 달래도 보고, 피드백도 줘봤지만, 나아지지 않았습니다. 의아한 것은 이 팀원이 허 차장처럼 능력 있는 직원이었다는 겁니다. 팀장이 되기 전에는 업무의 대부분을 이 후배와 둘이서 진행할 정도로 유능한 직원이었죠. 갑자기 태도가 변해버린 후배의 문제를 팀장은 어떻게 해결했을까요?

팀장은 먼저 후배에게 산책이나 하자며 커피를 사서 회사 근처 공원으로 나갔습니다. 그리고 이런저런 이야기를 나누다가 "최근 들어 예전만큼 일을 즐겁게 하지 못하는 것 같은데, 무슨 이유가 있는가?"라는 질문을 했습니다. 그리고 예상치 못한 답변을 들었죠.

후배는 자신의 태도를 쉽게 인정했습니다. 그런데 그 이유가 전임 팀장 때문이었다고 합니다. 전임 팀장은 현재 본부장으로 승진을 했는데, 팀장으로 있으면서 후배에게 낮은 평가를 주었습니다. 휴직 후 복직한 후배가 그해 누구보다 더 열심히 했는데도 말이죠. 그때 이후로 "일을 열심히 해야 하는 이유를 모르겠다. 팀장님께는 죄송하지만 동기가 안 생긴다."라는 고백을 했습니다. 팀장은 그 말을 듣는 순간, 어떻게 해야 할지 난감했다고 합니다. 같은 리더에게 자신은 좋은 평가를 받아 팀장으로 승진을 했는데, 후배는 좋지 않은 피드백으로 동기가 꺾여 버렸기 때문이죠. 팀장은 그렇게 첫 번째 대화를 마무리할 수밖에 없었습니다.

그리고 두 번째 대화에서부터 변화를 주기 시작했습니다. 바로 '기대'에 대한 부분이었죠. 팀장이 되면서 가장 먼저 하고 싶었던 부분이 바로 '역량이 있는 구성원에게 가장 중요한 과업을 맡기는 것'이었고, 그 과업을 맡을 사람이 후배라는 것을 알려주었습니다. 그리고 과거의 평가에 대해서는 본인이 어쩔 수 없는 부분이지만, 이후 평가에서는 기대에 맞는 행동과 결과를 만들어 내는 팀원에게 좋은 평가를 주려고 한다는 팀장의 평가 기준을 공유했습니다.

이런 대화를 3번 정도 진행하고 난 뒤 후배 팀원은 조금씩 변화하는 모습을 보였습니다. 어쩌면 팀장과 후배와의 관계가 이전부터 서로 신뢰하는 사이였기 때문에 더 빠르게 정리가 되지 않았나 생각합니다.

　동료였다가 팀장과 팀원의 관계로 재설정을 할 때 중요한 것은 '서로의 역할과 기대를 협의하는 것'입니다. 기대는 '과업과 영향에 대한 정의'이고 역할은 '구체적인 행동'입니다. 이때 팀장을 바라보는 팀원의 관점이 '평소에는 어려움을 이야기해도 되는 사람에서 이제는 나를 평가하는 사람'으로 바뀌었다는 것과 '작은 행동도 오해를 불러 일으킬 수 있다는 것'을 팀장이 먼저 인정하고 시작하는 것이 필요합니다. 과거의 사이처럼 편안해질 수만은 없는 평가자와 피평가자 사이가 된 것이죠.

　이 상황에서 중요한 것은 역할의 변화를 설명하고 팀장이 이전과 다른 행동을 할 수 밖에 없는 변화를 예측할 수 있도록 하는 것입니다. 회사가 팀장에게 부여한 역할, 팀장이 팀을 운영할 때 중요하게 여기는 기준을 팀원에게 먼저 공유해야 합니다. 그리고 팀장이 팀원에게 기대하는 바를 정확하게 전달해야 하죠. 이 관계를 해결했던 팀장의 대화를 공유해 드리겠습니다.

　첫 번째 대화에서의 포인트는 '팀장이 기대하는 모습과 팀원이 실행하는 모습의 차이가 있다'는 갭을 인지하게 하는 것입니다. 그런 뒤 1주일 정도의 시간을 두고 두 번째 대화를 통해 구체적인 기대와 행동을 찾아가는 겁니다.

팀장 : 허 차장, 요즘 데이터 정리하느라 정신없죠?

허 차장 : 아니요. 팀장님이 더 바빠지신 것 같은데요.

팀장 : 팀장이 처음이라 쉽지 않네요. 예전에는 허 차장이랑 자주 이렇게 이야기했었는데 팀장이 된 이후로는 그런 시간을 갖지 못한 것 같아서 오랜만에 예전처럼 편하게 이야기를 하고 싶었어요. 내가 팀장 되기 이전의 허 차장과 지금의 모습이 조금 달라진 것 같아서 이야기를 나누고 싶었어요.

허 차장 : 그러실 거라 예상은 하고 있었습니다. 제가 요즘 무기력한 것 같다고 다들 걱정을 많이 하더라고요.

팀장 : 허 차장, 혹시 내가 팀장이 된 이후로 어떤 부분이 가장 걱정되나요?

허 차장 : 사실 걱정은 없습니다. 그저 조금 가까이 대화하던 선배가 이제는 멀리서 봐야 하는 연예인이 된 느낌? 그 정도인 것 같기는 합니다.

팀장 : 저는 허 차장이 예전처럼 솔직하게 이야기해 주고, 반대 의견이나 칭찬도 자주 해 줬으면 좋겠어요. 다른 후배들도 허 차장의 의견에 영향을 많이 받으니까 많이 가르쳐 주고, 긍정적인 이야기도 자주 해 주면 좋고요. 그리고 나도 회사에서 정해준 역할이 있

기 때문에 예전보다는 더 적극적으로 의사 결정을 하고, 평가나 피드백을 할 수밖에는 없을 것 같아요. 대신, 내 생각이 무조건 맞다고 생각하지는 않아요. 허 차장이나 다른 팀원들의 이야기도 더 들으면서 내가 몰랐던 것들도 배워가고 싶고요.

허 차장 : 네, 감사합니다.

팀장 : 오늘부터 리셋하고 조금만 더 편하고 솔직하게 지내요. 나도 허 차장에게 많이 의지하게 될 것 같거든요. 그리고 우리 다음 원온원을 조금 빠르게 했으면 좋겠어요. 그때 허 차장이 하고 싶은 일과 나한테 영향을 줄 수 있는 일에 대해서 한번 이야기를 해 보면 좋겠는데, 다음 주 금요일 어떨까요?

허 차장 : 네, 고민해서 준비하겠습니다.

팀장 : 고마워요. 내가 허 차장이 미리 생각해 줬으면 하는 내용들에 대해서는 오늘 메일로 공유해 줄게요.

허 차장 : 네, 팀장님.

이처럼 팀장과 팀원과의 관계를 재정립할 때 팀장의 역할인 업무에 대한 피드백을 준다는 메시지와 함께 팀장이 기대하는 허 차장의 모습과 현재 모습의 차이를 찾는 대화를 해 보시면 좋습니다. 즉, 팀원에게 '기대'라는 목표를 심어주는 것이 팀장에게 가장 중요한 역할입니다.

첫 번째 대화에서는 팀원이 자신의 생각을 잘 표현하지 못할 수 있습니다. 아직은 불편하기 때문이죠. 그렇다고 해서 대화의 주도권을 팀원에게 넘기지 않고 팀장 혼자서 이야기를 한다면 그것은 '꼰대의 잔소리'가 되어버리고 맙니다.

팀원에서 팀장으로 관계설정이 바뀐 뒤 원온원을 할 경우 두 가지 방법은 반드시 기억하고 계시길 바랍니다. 첫째, '톤앤매너Tone & Manner를 유지한다' 즉, 감정적이지 않게 차분한 목소리와 표정을 유지하며 대화를 하는 것입니다.

둘째, '의견이 아닌 행동과 영향에 집중한다'입니다.

대화에서 "'잘 모르겠습니다'라는 말을 반복하고 있네요."라고 말하는 것과 "또 '잘 모른다' 하네."라고 말하는 것의 차이는 꽤 큽니다. 팀장의 감정적인 의견과 생각이 아닌, 팀원이 실제 하고 있는 말과 행동에 집중해 보면 조금은 더 나은 분위기가 유지됩니다.

이제부터는 팀원이 조금 더 이야기를 풀어낼 수 있도록 대화를 이끌어가 보도록 하겠습니다. 그러기 전 팀원에게 미리 다음에 해야 할 이야기를 메일로 공지합니다.

[두 번째 원온원을 하기 전 메일]

허 차장, 오늘 이야기한 대로 저는 허 차장에게 기대하는 모습이 있어요. 팀을 위해서이기도 하지만, 나와 허 차장을 위해서이기도 해요. 그래서 지금보다 더 팀 내에서 영향력을 전하는 선배가 되어 줬으면 좋겠어요.

팀장인 내가 없을 때 때로는 팀장처럼 해 주길 바라고, 내가 의사 결정을 잘못하거나 팀원들에게 부정적인 모습을 보일 때면 다른 팀원들 모르게 나에게 솔직하게 피드백을 줬으면 좋겠어요. 그리고 후배들에게 조금 더 영향력 있는 선배가 되어 주길 바라는 것이 제 기대입니다.

이와 관련해서 허 차장도 아래 관점으로 생각해 보고 다음 주 같은 시간에 한 번 더 만나면 좋을 것 같아요.

1. 허 차장에게 내가 요청하는 기대에 대한 허 차장의 생각
2. 허 차장이 꼭 해 보고 싶은 업무와 담당하고 싶지 않은 업무
3. 허 차장이 이를 위해 어떤 준비를 하고 있는지, 내가 무엇을 도와주면 좋을지에 대한 의견

정답은 없으니 편하게 이야기해 보는 시간이 되면 좋겠어요.

그럼 다음 주 금요일에 봅시다!

팀원과의 원활한 관계설정을 위해
팀원 중심의 원온원을 합니다

두 번째 대화는 어떻게 진행되었을까요?

팀장 : 허 차장, 일주일 동안 생각해 봤어요?

허 차장 : 팀장님이 제게 기대한다고 하셨던 역할이 있었는데요.
해 보고 싶은 부분이 있지만 a와 b 선배들이 불편해하지 않을까 하
는 걱정이 먼저 들었습니다.

팀장 : 그런 걱정을 할 것 같았어요. 그런데 해 보고 싶다면 두 명을
가르치며 협업을 해 보는 것도 허 차장에게는 도움이 될 것 같은데
어때요?

허 차장 : 네, 대신 팀장님이 먼저 언급해 주시면 좋을 것 같습니다.

팀장 : 어떤 이야기를 하면 좋을까요?

허 차장 : 제가 정기적으로 시간을 갖고 가르치기로 했다고 말씀해 주시면 좋을 것 같습니다. 제가 먼저 하자고 하면 꼰대 후배처럼 보일 수도 있을 것 같아서요.

팀장 : 네, 좋아요. 제가 두 명에게는 3개월 정도 허 차장이 전략기획서 짜는 것과 보고서 작성하는 부분, 두 가지에 대해서 정기적인 교육을 요청해놨다고 이야기해 놓을게요. 그리고 허 차장이 해 보고 싶은 일이랑 하기 싫은 일은 생각해 봤어요?

허 차장 : 네, 가장 해 보고 싶은 일은 팀장님이 이전에 하셨던 전략 PT입니다. 다른 과업들은 대부분 해 본 일들인데, 그 과업을 해 보지 못해서요.

팀장 : 그래요? 그 과업에 대해서는 저도 본부장님이랑 이야기해 볼게요. 저희 팀만 하는 게 아니라, 본부에서 하는 것이라 본부장님 의견도 들어봐야 할 것 같아요. 저는 허 차장이 그 업무를 맡아주면 조금 더 성장할 수 있을 거라 생각해요.

허 차장 : 감사합니다. 그리고 제가 왜 팀장님께 무기력한 모습을 보였을까, 생각을 조금 해 봤는데요. 아마 인정받고 있지 못한다는 생각이 들었던 것 같습니다. 저는 사실 인정받고 칭찬받을 때 힘이 솟는 스타일인데 최근에는 제가 하는 일들이 중요하지 않아 보여

서 속상했거든요.

팀장 : 그렇군요. 그건 이제부터 제가 잘 표현해 볼게요. 우리 팀에서 특히 허 차장의 업무가 중요하다는 것은 모두 다 알고 있는데, 표현이 적었을 수도 있겠다는 생각이 드네요. 저는 허 차장의 데이터 분석이 팀과 본부에 가장 큰 인사이트를 찾도록 도와준다고 생각해요. 그래서 고맙고.
허 차장 : 감사합니다. 조금 기운이 나네요.

팀장 : 제가 더 고맙죠. 지금부터는 내가 허 차장에게 지금보다 더 큰 기대를 할 것 같아요. 천천히 확장해 나가면 좋겠어요. 이와 관련해서 나도 허 차장에게 조금 더 자주 피드백도 주고, 기여하고 있는 부분에 대해서는 인정과 칭찬도 아낌없이 할게요.
허 차장 : 네, 팀장님. 기대 감사합니다.

이렇게 허심탄회하게 이야기를 전달하는 것 외에도 팀장의 역할과 권한에 대해 더 명확하게 팀원들에게 전달하는 방법도 있습니다. 이때는 팀장의 상사나 인사팀을 통해 신임 팀장의 역할과 새로운 팀에 기대하는 역할을 팀원들에게 소개해 주는 겁니다.

"이번에 승진한 박 팀장이 예전 팀원이었을 때와는 다르게 과업을 분배하거나 피드백 등을 통해 의사 결정을 하고, 팀원들의 성장을 돕는 대화를 이끄는 역할을 하게 될 겁니다. 그러니 서로가 빨리 익숙해졌으면 좋겠습니다."라는 메시지를 회사 차원에서 공식적으로 전달하는 것이죠. 이때 신임 팀장이 가지고 있는 주요 경력이나 지식을 공유해 주거나, 신임 팀장을 선임한 의도와 목적을 설명해 주는 것도 신임 팀장이 빠르게 리더십을 갖도록 하는 데 도움이 됩니다. 이 시간을 통해서 신임 팀장에 대한 팀원들의 기준과 기대를 수정할 수 있게 됩니다.

팀을 운영하면서도 팀장은 '자신의 역할을 어떻게 인지하는가'가 중요합니다. 그리고 이 역할은 상황과 시점에 따라 다양하게 바뀔 수밖에 없습니다. 10년 동안 함께 일했던 선배나 동료가 갑자기 팀장이 된다면 새로운 역할을 정의하고 이전과는 다른 행동을 찾을 수 있어야 합니다.

또 팀원의 입장에서도 승진을 하게 된다면 팀원과 새로운 역할을 논의하는 시간을 가져야 하죠. 대리일 때의 역할과 과장일 때의 역할이 같을 수는 없기 때문입니다. 그렇게 역할이 조금씩 새로워질 때 우리는 새로운 행동을 하게 되고, 그 과정에서 학습과 성장을 마주할 수 있게 됩니다.

서로가 서로에게 기대하는 모습과 행동을 구체화하는 대화를 자주 나눠보셨으면 좋겠습니다.

5장

팀원에게 기대하는
역량 차이로 얻게 된
다섯 번째 기회

직장인들에게
'역량'이란 무엇일까요

본격적으로 팀장의 다음 크리티컬 모먼트를 알아보기 전에 이번 장에서 다뤄야 할 '역량'에 대해 잠시 살펴보고 가겠습니다.

회사에서 강조하는 '역량'이란 무엇일까요? '역량Competency'은 직무의 질적 성과나 목표를 달성해 낼 수 있는 조직 구성원의 능력과 요구되는 지식, 기술, 태도의 총체를 의미합니다. 간단하게 말한다면 '우리 회사와 팀 내 고성과자의 행동 특징' 또는 '고성과자들이 자주 활용하는 지식, 기술, 태도'라고 표현할 수 있죠. 그래서 마케팅 부서와 영업부의 역량이 다를 수밖에 없고, 같은 영업부라 하더라도 목표에 따라 필요로 하는 역량이 다를 수 있습니다.

이번에는 역량과 함께 자주 언급되는 '역량 모델Competency Model'을 살펴보겠습니다. 역량 모델은 '특정 직무나 역할을 수행하는 데

요구되는 주요 능력을 규명하는 의사 결정 도구로서 성과를 극대화하는 데 필요한 지식, 기술, 태도 및 지적 전략을 포함하는 역량을 체계화해 놓은 것'입니다. 간단하게 '우리 부서에 필요한 지식, 기술, 태도 등을 기술해 놓은 이력서'라고 표현할 수 있습니다.

역량 모델은 인사팀에서 채용, 배치, 인재개발, 평가를 위한 인적자원 도구로 사용합니다. 그런데 여기서 오해가 하나 생기죠. 역량 모델을 HR부서에서만 사용하는 것으로 인식하며 팀장들이 간과하는 겁니다.

앞으로 다룰 사례에는 역량 진단을 수용하지 않는 팀원이 나옵니다. 역량 진단은 평가와 업적이 아니기 때문에 이의신청 등의 절차가 없는 기업이 대부분입니다. 그러다 보니 팀원들 입장에서는 마치 전단지처럼 성의 없이 전달받는 느낌을 받게 됩니다. 저는 역량 진단을 오직 '성장'을 위한 역량을 객관화하는 시간으로 삼아야 한다고 말합니다. 과거의 수준을 보기보다는 미래 팀원에게 기대하는 긍정적인 모습을 위해 무엇을 해야 하는지를 아는 과정이라고 설명하면 좋겠습니다.

또한 회사 관점에서 '다양한 경력 개발 기회가 열려있다는 것'도 알려주시면 좋겠습니다. 많은 기업이 개인의 성장과 몰입을 위해 사내 이동, FA 제도 등을 운영하고 있습니다. 사내 특정 팀의 필요 인재를 외부가 아닌, 내부에서 채용하는 방법인데 팀원의 커리어와 역량의 강점을 잘 활용할 수 있도록 팀장이 돕는 것이죠. 이처럼 팀원의 강점을 발휘할 수 있는 곳이 어느 부서, 어느 과업인지 알아봐 주면 팀원은 '팀장님은 나를 진짜로 생각해 주는구나'라며 진정성을 느낄 수 있습니다. 과거에는 회사를 이직해야만 가능했던 커리어의 변경을 FA나 사내 이동을 통해서 할 수 있게 된 것이죠.

마지막으로 '이 역량을 배우면 승진할 수 있나요?'라며 역량 개발에 대한 확신을 물어보는 팀원에게 성장은 승진의 개념이 아니라는 말씀을 꼭 해 주시길 부탁드립니다. '승진을 위해서 역량을 향상한다'가 아니라, '경력이 늘면 회사에서 팀원에게 더 큰 역할과 책임, 권한을 부여할 것이고, 역량 개발은 이를 미리 준비하는 과정이다' 라는 것을 이야기해 주면 좋겠습니다.

팀장과 팀원 간의 기대 역량 수준 차로 원온원이 버겁습니다

Critical Moment

하 팀장은 팀원들과 매월 1회 원온원을 빠짐없이 하고 있습니다. 업무 목표 달성 상황이나 팀원 각자의 직무수행 역량 향상 방안에 대해서도 같이 모색하는 시간을 갖고 있는데, 그중에서도 B 과장과의 원온원이 매번 고민스럽다고 합니다. 하 팀장이 볼 때 B 과장의 업무 목표 달성도나 직무수행 역량 또한 기대충족 이상으로 주기 어렵다는 판단입니다. 하지만 B 과장은 본인이 기대초과의 성과와 역량을 내고 있다고 팀장에게 강하게 어필하고 있습니다. 하 팀장은 이런 상태의 원온원이 더 이상 반복되지 않기를 원하는 상황입니다. 또 이대로 가다가는 연말 인사 평가 시즌에 B 과장과 겪을 갈등이 그려져 더욱 고민스럽고 답답합니다. 이런 상황에서 하 팀장은 B 과장과의 원온원을 어떻게 진행해야 할까요?

B 과장을 이대로 두면 연말에 진행될 성과 평가에서는 지금보다 더 우려하는 상황을 맞을 수밖에 없을 겁니다. B 과장은 스스로에게 A라는 평가를 하겠지만, 팀장은 좋은 평가를 줄 수 없기 때문입니다. 먼저 기억해야 할 부분은 역량 평가에 대한 기준입니다. 회사마다 다른 기준을 가지고 있지만, 일반적으로 3가지로 볼 수 있습니다.

1. '기여'에 대한 부분

- S = 회사에 기여
- A = 팀 / 본부 성과에 기여
- B+~B = 개인 목표 달성(작년보다 어려워진)
- C~D = 개인 목표 미달

가장 낮은 단위는 '개인의 목표'를 기준으로 하고, 그 위의 레벨은 '팀과 본부' 그리고 최종적으로 '회사에 기여'했다는 기준으로 평가하게 됩니다. 기대 수준을 개인 목표, 팀/본부 목표, 회사 목표로 차이를 두는 이유는 기준이 높을수록 결과물의 크기가 커질 수 있기 때문입니다. 예를 들어, 10이라는 목표와 30이라는 목표에 따라 개인의 노력은 달라질 수밖에 없다는 것이죠. 또 구성원 개개인이 하고 싶은 일을 하는 것이 아니라, 조직 관점에서 꼭 해야만 하는 일을 하도록 하는 기준이 되기도 합니다.

2. '기대'에 대한 부분

- 기대 초과 = 구성원의 레벨보다 초과
- 기대 충족 = 구성원에게 거는 기대와 동일
- 개선 필요 = 구성원의 레벨보다 낮음

기대를 기준으로 평가할 때 중요한 것은 '직급이나 경력, 직무별 레벨이 명확해야 한다'는 것입니다. 특히, 조직 내의 기준뿐만 아니라, 조직 외의 기준과도 얼라인하는 것이 필요합니다.

예를 들어, HR 담당자 중 주임, 대리, 과장, 차/부장이 만들어 낼 수 있는 결과물의 크기가 다르다는 것을 모든 구성원이 인지하고, 그 기대에 따라 개인 목표와 결과를 평가하는 것입니다. 동일한 결과물을 만들어 냈다면 레벨이나 경력이 낮은 구성원이 더 좋은 평가를 받을 수밖에 없는 기준이 되기도 하죠.

3. '영향력'에 대한 부분

이는 최근 들어 조직에서 많이 활용하는 단어입니다. 특히 역량 평가에서 주로 사용하고 있습니다. '영향력'은 개인의 결과물이 아닌, 팀과 동료에게 미치는 영향을 이야기합니다. 만약 10이라는 결과물을 만들어 낸 구성원 A가 결과 이외에 동료들의 성장을 위해 자신의 지식과 경험을 공유하며 매뉴얼을 만들었고, 신입 멤버들의 적응을 위해 멘토링과 온보딩을 하고 있다면 '동료의 성장을 돕는 활동'에 가산점이 부여됩니다. 이처럼 자신에게 주어진 1인분의 일만 하는 구성원과 동료의 성장과 성공을 돕는 활동을 하며 함께 성장하고 성공할 수 있도록 돕는 구성원을 다르게 평가하는 것입니다.

영향력에 대한 기준을 가진 기업들의 특징은 '성과'뿐만이 아니라 '조직문화'를 중요하게 여깁니다. 혼자서 일을 하는 것이 아니라, 구성원 모두가 서로의 지식과 경험을 공유하고, 더 나은 답을 찾아낼 수 있도록 돕는 문화를 만드는 것이죠. 이는 탁월한 개인이 아닌, '탁월한 집단'을 만드는 방법입니다.

중간 피드백은
반드시 필요합니다

팀장과 팀원이 분기 또는 반기 단위로 중간 성과 평가 피드백에 대한 이야기를 나누면 팀원이 과업과 중간 결과물 그리고 기대, 영향력, 기여에 대해 설명할 수 있습니다. 그런데 정말 많은 팀장이 중간 피드백을 생략하곤 합니다. 바쁘다는 이유가 첫 번째이고, '굳이 불편한 피드백을 해야 하나? 연말에 할 건데'라는 생각 때문입니다. 그런데 저는 꼭 해야 한다고 말합니다. 중간 피드백이 팀원의 일하는 방식과 동기부여에 가장 큰 영향을 주는 행동이 되기 때문입니다.

이때 팀원이 미리 고민하고 준비하도록 사전 안내 메일을 보냅니다. 이 메일을 통해 팀원은 자신의 결과와 과정을 고민해 볼 수 있고, 팀장과 더 깊이 있는 대화를 나눌 수 있기 때문입니다.

다음은 중간 피드백으로 자신의 업무 역량을 파악하고 목표 달성에 보다 쉽게 접근하게 된 팀장과 팀원의 사례입니다.

팀장 : 과장님, 미리 말씀드렸던 2분기 피드백 시간입니다. 과장님이 생각할 때 2분기에 팀에 가장 기여했다고 생각하는 부분은 무엇인가요?

과장 : 저는 맡겨주신 일은 모두 달성했다고 생각합니다. 2분기 동안 매출성장을 위해 기존 고객사들과 모두 소통하며 매출도 90% 달성했고요.

팀장 : 맞아요. 90% 달성했죠. 이때 어떤 방법이 매출에 가장 도움이 되었을까요?

과장 : 기존 고객사 모두와 소통하며 제품을 조금 다양하게 판매할 수 있도록 포트폴리오를 다시 짜본 것이 가장 큰 영향을 준 것 같습니다.

팀장 : 크로스셀링 말씀인 거죠? 저도 그 방법은 고객사가 우리를 조금 더 알 수 있게 해 주는 것이라 좋은 방법 같아요. 그럼 10%가 조금 부족한데, 이유는 뭘까요?

과장 : 새로운 채널을 뚫어야 하는데, 그 부분은 4분기에 집중할 수 있을 것 같습니다.

팀장 : 과장님, 저는 과장님에게 기대하는 목표가 조금 높아요. 그런데 업무 역량이 좋음에도 익숙한 목표에 도전하는 것 같다는 생

각이 듭니다. 1분기 때도 과장님은 기존 고객사에 집중해야 한다고 했는데, 저는 2분기에 신규 고객사에 집중하고, 3분기에 기존 고객사에 집중해야 한다고 말씀드렸었어요. 왜 그렇게 이야기했었는지도 기억이 나세요?

과장 : 네. 기존 고객사는 신뢰 때문에 언제든지 우리 제품을 추가할 수 있지만, 신규 고객사는 새로운 변화로 우리 회사를 선택하는데 시간이 조금 필요할 거다, 라고 이야기하셨습니다.

팀장 : 맞아요. 지금 2분기 결과가 그런 것 같아요. 충분히 기존 고객사에 집중해서 90% 달성을 한 것은 동의해요. 그런데 목표는 팀에 어느 정도 기여했는지가 중요한 것 같아요. 과장님 연차면 지금 목표는 낮다고 생각해요. 3분기까지현재의 목표와 방법대로 간다면 좋은 평가를 주기 어려울 수도 있어요. 과장님 역량에 비해서도 작은 목표라고 생각하거든요.

과장 : 저는 최선을 다했다고 생각합니다.

팀장 : 저도 과장님이 노력하고 있다는 것은 인정해요. 그런데 현재 과장님의 목표는 역량에 비해 낮은 편입니다. 현재의 목표가 작년 목표와 같은 레벨인 것은 알고 있죠? 목표가 10인 사람의 최선과 목표가 20인 사람의 최선은 다를 수밖에는 없습니다. 저는 과장님이 더 잘할 수 있는 사람이고, 더 잘해야 하는 사람이라고 생각

해요. 그래서 목표를 조금 더 올려보면 좋겠어요. 이 부분에 대해서 한번 고민해 보고, 다음 주 원온원을 한 번 더 해 보면 좋겠어요. 어때요?

과장 : 네, 알겠습니다.

처음에는 팀장도 이 팀원을 설득하는 데 오랜 시간과 에너지가 들었지만, 현재는 각자의 연차와 직급에 따른 과업을 맡게 되었다고 합니다. 해결 방안은 보신 바와 같이 자신의 연차에 맞는 목표를 달성하는 것이 중요하다는 메시지를 반복해서 전달했기 때문입니다.

중간 피드백이 중요한 이유가 바로 여기에 있습니다. 1년에 한두 번의 피드백으로 팀원들이 더 어렵고 새로운 일에 도전하지도 못할 뿐더러 팀장의 기대를 이해하기도 힘듭니다. 저는 한 번의 피드백으로 변화하는 팀원도 봤지만, 성장을 거부하는 경우도 많이 봐왔습니다.

일을 잘하고 있는지에 대한 애매모호한 피드백이 아니라 분기 그리고 반기 단위로 다음과 같이 구체적인 기여, 기대 그리고 영향력에 대한 피드백이 있어야 합니다.

- 팀원의 결과물이 팀에 어떤 기여를 하고 있는가?
- 팀원의 결과물과 역량 중 기대 초과, 기대 충족, 개선이 필요한 부분은 무엇인가?
- 팀원은 결과물 이외에 동료에게 어떤 긍정적 / 부정적 영향을 주고 있는가?

피드백이 정말 성장의 원동력이 되기 위해서는 팀장이 팀원에게 기대하는 바를 명확하게 말씀해 주셨으면 좋겠습니다. 평가와 업무 목표를 선정하는 권한은 팀장에게 있다는 것을 꼭 기억해 주세요. 팀장의 기대 및 목표가 팀원의 것과 매치될 때 팀원들이 몰입한다는 것을 잊지 마시기 바랍니다.

[성과 평가 중간 피드백 안내메일]

2분기 중간 성과 평가 피드백 대화를 하려고 합니다. 아래 내용을 잘 읽고 피드백 준비 부탁드립니다.

1. 피드백의 목적
'지난 기간 동안 내가 팀과 회사의 목표를 이루기 위해 어떤 노력을 했는 지, 그 노력은 어떤 결과를 만들어 냈는지, 그리고 그 결과는 팀과 회사에 어떤 기여를 했는지 리더와 함께 공유하고 나누는 시간' 입니다.

2. 중간 성과 평가 피드백의 기대
이번 중간 성과 평가 피드백을 통해 제가 기대하는 것은 3가지입니다.

1) 리더와 팀원이 서로 동의하는 과거의 성과와 결과, 팀/회사의 기여를 찾아보자.
2) 잘한 것(업무 방식)은 칭찬하고, 성장하기 위해서 개선해야 할 것(업무 방식)을 찾아보자.
3) 3분기에 더 성장하기 위해 무엇을 해야 할지 정해 보자.
   (스스로 할 것과 리더가 도와줄 것)

3. 사전 질문
저도 여러분을 만나기 전까지 어떤 내용으로 대화를 나눌지 준비를 하려 고 합니다. 여러분도 그 시간까지 아래 질문에 대해 한번 생각해 보고 만났 으면 좋겠습니다.

1) 올해 목표는 무엇이었나요? (가능한 구체적으로)

2) 목표 관점에서 2분기에 잘한 것은 무엇인가요? (자랑하고 싶은 변화, 결과, 노력 등)

3) 더 나은 결과를 만들기 위해 보완하거나 개선해야 할 점은 무엇이라고 생각하나요?

4) 성장과 성공을 위해 스스로 변화, 행동할 것과 회사나 리더가 도와줘야 할 것은 무엇인가요?

5) 제안하고 싶은 것이나, 리더에게 하고 싶은 말이 있다면 무엇이 있을까요?

4. 면담 스케줄

날짜 : ○○월 ○○일, ○시

장소 : 1회의실

직무 역량 진단 후
스킬 갭을 줄이기 위한 원온원을 합니다

Critical Moment

최근 회사는 전 직원을 대상으로 직무 역량에 대한 진단을 하였습니다. 그 결과 정 차장은 해당하는 직무 역량 결과가 본인이 생각하는 결과와 갭이 크다고 생각하였고, 이에 많이 위축된 상태입니다. 반면, 장 팀장은 정 차장의 낮은 역량 평가가 객관적이라고 생각하는 편입니다.

이런 상황에서 장 팀장이 정 차장에게 역량 차이를 인식시킬 수 있는 질문과 추후 그 차이를 줄이기 위한 원온원을 어떻게 진행할 수 있을까요?

업무 몰입도가 높은 조직에서, 직원들은 주로 이런 말을 합니다.

"나는 직장에서 나에게 무엇을 기대하는지 구체적으로 알고 있다."
"일을 제대로 하는 데 필요한 재료와 장비를 가지고 있다."
"나는 직장에서 내가 가장 잘하는 일을 할 기회가 있다."
"지난 한 주간 일을 잘했다고 인정 또는 칭찬을 받았다."
"상사 또는 직장의 누군가가 나를 하나의 인격체로 배려한다."
"직장에 나의 발전을 격려하는 동료가 있다."

'성과를 내는 사람들의 특징'을 보면 일에 대한 의미가 확실하고, 그 의미가 회사 성과에 기반한 '나의 성장'과 이어져 있어야 발현된다는 사실을 알고 있습니다. 이렇게 직원이 성장 목표를 찾고 자신의 일과 연결하면 회사의 성과에도 큰 영향을 미칠 것입니다. 그러니 역량 평가 이후 팀장이 조금 더 팀원들의 성장을 위한 원온원을 통해 얼라인과 성장을 직접 경험할 수 있도록 해 주면 좋겠습니다.

예전 MBC 예능 프로그램인 〈무한도전〉에서 "나의 최고의 경쟁 상대는 이전의 나"라는 대사를 남긴 적이 있습니다. 팀원이 과거에 대단한 성과를 올렸다고 하지만, 빠르게 변화하는 세상에서 그 노하우는 언제 바뀔지 모릅니다. 그러니 이전의 업적을 자랑하기보다는 지속적으로 개발, 성장, 학습하는 것이 더 중요합니다.

역량 피드백을 주제로 원온원을 하기 전에 팀장과 팀원들이 꼭 알아두셔야 할 내용을 공유 드리겠습니다. 바로 원온원 프로세스입니다. 아시다시피 원온원은 개인이 명확한 성장 목표를 설정하고, 이를 달성할 수 있도록 리더가 개입해 팀원이 자발적으로 자신의 목표를 인식하고 달성하게끔 지원하고 촉진하는 과정을 말합니다. 이때 주제가 '역량'이라면 3가지 프로세스를 제안합니다.

1. 역량 진단 결과를 기반으로 객관적인 데이터를 찾고(긍정적, 부정적)
2. 직원과 리더가 서로 합의한 성장 목표를 수립하고
3. 목표 달성을 위한 대안 및 지원 필요 사항을 논의합니다.

이를 조금 더 구체적으로 연결하기 위해 팀장이 숙지해야 할 '키워드'는 3가지입니다.

첫째, 성과와 결과도 중요하지만, '과정' 역시 중요하다.
둘째, 조직 관점도 중요하지만, '직원 한 사람의 관점'도 중요하다.
셋째, 직원이 하는 일도 중요하지만, '존재로서의 가치'도 중요하다.

역량 평가를 기반으로 한 원온원은 사전 준비, 원온원 대화 그리고 팔로업입니다.

먼저 '사전 준비 단계'에서는 역량 진단 결과를 팀원에게 공유해 줍니다. 이때 팀원도 본인의 역량에 대해 크게 생각해 보지 않았을 가능성이 크기에 코칭을 통해 메타인지를 파악하고, 긍정적인 자기 발전을 위한 시간이라는 '원온원의 목적'을 공유하는 것이 핵심입니다. 그리고 상투적인 대화보다 '현실'과 '데이터'에 입각한, 회사에서 원하는 '역량'이 무엇인지 인지할 기회의 장이 열렸다고 생각하는 것이 필요합니다.

마지막으로 사전에 아래 4가지의 질문을 팀원에게 공유하고, 스스로 역량 평가 결과지를 보며 자신에 대해 객관적으로 생각해 볼 수 있는 시간을 주시면 좋습니다.

1. 역량 평가를 보며 내가 잘하고 있는 역량은 무엇이라고 생각하나요?

   그 역량은 어떤 결과물을 만드는 데 도움이 되었나요?

2. 본인에게 부족하다고 느껴지는 역량은 무엇인가요?

   어떤 과업을 수행할 때 이 역량이 필요한가요?

3. 역량 평가 결과지를 보며 동의하는 부분과 동의하지 않는 부분은 무엇인가요?

4. 더 성장하기 위해 STOP, START, CONTINUE 해야 할 행동은 무엇인가요?

사전 질문을 공유했다면 이제 원온원 대화로 넘어가 보겠습니다. 원온원 대화를 작은 워크숍이라 생각해도 좋습니다. 대화로만 끝내는 것이 아니라, 화이트보드, 포스트잇 등을 사용해서 팀원의 성장을 함께 고민하는 시간이죠.

그리고 본격적인 대화는 크게 5가지 단계로 진행할 수 있습니다.

- 1단계 : 역량 평가와 원온원의 목적 공유
- 2단계 : 역량 평가 진단 리포트 설명
- 3단계 : 성장 목표 설정
- 4단계 : 대안 수립
- 5단계 : 격려와 지원 사항 확인

팀장 : 정 차장, 원온원에 들어가기 전에 왜 역량 평가와 원온원을 해야 하는지에 대해 이야기를 나눠보고 싶은데 어떻게 생각해요?

정 차장 : 원온원은 성장을 위한 것이라고 말하는데, 솔직히 이렇게 해서 성장이 될지는 잘 모르겠습니다. 리포트를 받으면 기분만 안 좋아지더라고요.

팀장 : 그럴 것 같아서 저도 빨리 원온원을 갖자고 했어요. 요즘 시대가 워낙 빨리 바뀌다 보니 회사도 직원들 성장중심의 HR, 미래

중심의 HR로 변화하고 있어요. 데이터를 기반으로 직원들의 자기 객관화를 돕고, 이를 통해 직원이 자발적으로 성장에 동기부여를 받는 것을 기대합니다. 그러기 위해서는 어떤 역량이 필요하고, 그 것을 습득하기 위해 어떻게 매진할지 저랑 대안을 마련해 보는 거라고 생각하면 될 것 같아요.

정 차장: 네, 의도는 알겠습니다.

팀장: 좋아요. 그래서 나도 이번에 정 차장을 생각하면서 이 리포트를 읽어봤는데, 이 일이 정 차장에 대해서 좀 더 많이 생각하게 된 계기가 된 것 같아요. 정 차장이 A 부분을 실행하고자 했으나 뜻대로 안 된 이유가 있을까요?

정 차장: 새로운 스킬을 배우거나 물어볼 겨를이 없었던 것 같습니다. 그런데 이번에는 이런 평가를 받았으니 일부러라도 시간을 내어서 학습 시간을 확보해야 할 것 같다는 생각을 했습니다.

팀장: 좋아요. 저도 도울 수 있는 부분이 있다면 시간을 만들어보도록 하겠습니다. 그리고 정 차장은 제가 언급했던 B 부분은 동의할 수 없다고 했는데, 그 이유는 무엇일까요?

정 차장: 지난 1분기 프로젝트를 할 때 B 부분을 결과로 입증했다고 생각합니다. 그래서 이미 B 스킬은 더 배우지 않아도 된다고 생각했었거든요.

팀장 : 1분기 프로젝트는 그렇다고 생각해요. 그런데 2, 3분기 프로젝트에서 정 차장에게 조금 더 나은 결과를 기대했었어요. 그래서 1분기 때와는 다른 고객 데이터 분석에 새로운 방식을 적용해 보고 진짜 문제가 무엇인지 파악해 줄 것을 요청했었고요. 문제 인식은 잘 되었지만, 이 부분의 스킬업이 부족했다고 생각했습니다.

정 차장 : 그렇게 생각하실지는 몰랐습니다.

팀장 : 그때도 비슷하게 이야기했었는데, 제가 조금 더 구체적으로 이야기를 전하지 못했었나 보네요. 그럼 우리 4분기에는 어느 정도의 스킬업을 목표로 해 볼 수 있을까요? 저는 정 차장이 A라는 역량은 이미 고수 직전의 수준이라고 생각해요. 그래서 상위 고수의 레벨에 도전해 보면 좋겠고, B는 아직 시작 단계이니까 이 정도 수준으로 잡아보면 어떨까, 하는 생각을 해 봤어요.

정 차장 : 네, A는 제가 기본을 다시 정리해 보는 게 도움이 될 것 같습니다. 그래서 이번에 신입사원들이랑 경력 입사한 직원들을 가르치면서 제 지식과 노하우를 정리하면 역량을 높이는 데 도움이 될 것 같습니다. 그런데 B는 아직 어떻게 해야 할지 감이 안 오는데요.

팀장 : B에 대해 옆 부서 최 팀장님께 여쭤봤어요. 처음 배울 때는 인재실에서 제공하는 직무/역량별 학습 자료를 통해 베이직을 배

우는 게 가장 좋다고 하시더라고요. 그런 뒤 데이터 분석이 잘 된 베스트 프렉티스 리포트를 보면 좋다고 하셔서 최 팀장님이 몇 개 주시기로 했어요. 그 자료는 제가 전달받아서 공유해 줄게요. 나머지는 실제 실행하면서 연습을 하면 될 것 같아요.

정 차장 : 네, 우선 그렇게 시작해 보겠습니다. 신경 써주셔서 감사합니다.

팀장 : 그게 제 역할인데요. B 역량을 더 키울 수 있도록 저도 옆에서 많이 도울게요. 그럼 우리 다음 주에 한 번 더 볼까요? 정 차장이 어떻게 학습을 준비하고 있는지도 들어보고, 저도 그때까지 최 팀장님께 자료를 받아서 공유할 수 있도록 준비하겠습니다.

정 차장 : 네, 팀장님. 다음 주 미팅 전까지 학습할 커리큘럼들을 찾아보겠습니다. 언제든지 제가 학습하면 좋을 만한 자료가 있으면 공유해 주세요.

팀장 : 고마워요. 정 차장이 적극적이니까 저도 의욕적으로 해 볼게요.

정 차장 : 감사합니다.

tip. 팀원의 낮은 역량을 개발하도록 피드백해야 할 때

- 역량과 관련된 개선점을 피드백해야 할 때 중요한 것은 '네가 문제야'라는 메시지는 지양해야 합니다. 이보다 더 중요한 것은 팀원에게 '기대하는 모습'을 구체적으로 공유하며, 문제가 아닌, 미래 더 성장한 모습을 위해 발전적인 모습을 그리게 해 줘야 하죠. 이때 '잘하고 있는 것'과 '개선이 필요한 것'을 함께 공유하는 것입니다.

- 대화를 통해서 팀원이 혼자서 역량을 채우는 것이 아니라 팀장과 함께 역량 개발을 할 수 있도록 '팀원이 스스로 학습하고 준비할 것'과 함께 '팀장이 지원해 줄 부분'을 찾는 것이 필요합니다.

- 마지막으로 '고마워요', '미안해요', '응원해요'와 같은 리더의 긍정적인 감정 표현도 좋은 분위기를 이끌어갈 수 있는 도구가 됩니다. 이를 통해 나 혼자 해결하는 것이 아니라, 함께 해결하는 이슈라는 생각을 가질 수 있습니다.

팀장보다 역량이 우수한 직원과의 원온원입니다

Critical Moment

신기술을 연구, 개발하는 A팀은 수시로 석·박사급 경력사 직원 등 외부 인력이 투입되거나 기존 팀원들도 해당 분야나 직무에 대한 깊은 지식과 뛰어난 역량을 갖추고 있습니다.

지난주 갑자기 A팀에서 개발하려는 신기술 세부 내용을 자세히 보고해 달라는 상무님 지시가 있었습니다. 이에 정 팀장이 급하게 자료를 찾아보고 있었는데, 팀의 막내 격인 이 대리가 해당 내용을 정 팀장보다 먼저 정리해서 가져왔습니다. 사실 이런 일은 종종 있었습니다. 이럴 때마다 정 팀장은 팀원들의 능력을 인정하고 각자의 전문성을 존중하지만, 한편으로는 왠지 자신이 팀원들보다 뒤처진 것 같아 열등감도 생겼습니다. 무엇보다 팀원들이 이런 상황이 발생할 때마다 자신을 어떻게 생각할지 걱정이 되기도 합니다.

이렇게 팀장보다 지식이 많고 역량도 우수한 팀원과는 어떻게 원온원을 해야 할까요? 특히 자신이 팀장보다 더 탁월한 지식이 있다고 인식하는 팀원이라면 더더욱 난감합니다.

이 사례는 지금도 급격히 늘고 있고, 이후로는 더 많아질 상황입니다. 먼저 말씀드리고 싶은 부분은 '팀장이 모든 것을 다 잘할 수도 없고, 다 알 수도 없는 시대'라는 것입니다.

지금은 팀장이 모르는 것이 더 많은 시대입니다. 이러한 모습을 '지식 역전 현상'이라고 합니다. 선배나 리더보다 후배 직원들이 더 새롭고 어려운 지식과 기술을 가지고 있는 상황이죠. 과거에는 선배에게 지식을 내려받았지만, 지금은 팀원들이 선배 외에 지식을 배울 수 있는 루트가 많아졌습니다. 팀장이 게을러서가 아니라 기술이 너무 빠르게 생성되고 공유되는 시대이기 때문입니다. 과거의 리더십으로 문제를 해결하려는 팀장이 헤쳐나가기 어려워하는 것은 당연한 일입니다. 대신 우리 팀장들은 시대에 맞는 새로운 리더십 행동을 찾아야 합니다.

이와 비슷한 사례가 있었습니다. 제가 코칭하던 팀장이었는데, 마케팅 조직이 리빌딩 되면서 이전과는 다른 팀원들이 새롭게 배치되기 시작했습니다. 이전에는 마케터 중심으로 팀이 구성되었다면 이번에는 마케터, 영업, 엔지니어, M&A 그리고 글로벌 직원들로 다양하게 구성되었습니다.

회사에서 마케팅 팀을 다양한 직무 경험자로 구성한 이유는 서로가 다른 지식과 경험을 통해서 마케팅 조직이 더 큰 그림을 그릴 수 있도록 힘을 실어주기 위해서였습니다. 이때부터 팀장의 고민이 시작되었습니다. 자신은 영업과 기획 출신으로 엔지니어, M&A, 그리고 해외 마케팅에 대한 경험이 전무했기 때문입니다.

팀장은 팀원들이 가져오는 자료들을 볼 때마다 자신이 이해하지 못하는 내용들, 심지어 모르는 단어들도 있었기에 '내가 지금 하고 있는 의사 결정이 맞는 건가?'라는 질문을 계속해서 할 수밖에 없었습니다.

그런데 이 팀이 이 문제를 해결한 것은 아이러니하게도 바로 이렇게 이질적인 직무의 구성이었습니다. 팀원들은 '다른 직무에 대해 배워보고 싶다'는 이야기를 전했습니다. 이에 팀장은 매월 1회씩 반나절의 시간을 빼서 팀원들과 함께 서로가 가진 지식과 경험을 돌아가며 공유하는 시간을 갖도록 했습니다.

마케터 출신의 직원은 자신이 알고 있는 마케팅의 기본, 과거 사례 등을 공유하기 시작했고, 엔지니어는 마케팅에 포함되어야 할 제품들의 특징, 현재 개발되고 있는 제품이 기존 제품과 어떤 차이가 있는지, 또 고객에게는 어떤 가치를 제공할 수 있는지 등에 대해서 정리한 자료들을 공유하기 시작했습니다. 또 M&A를 경험한 직원은 해외 사례와 논문들을 공유했습니다.

 그렇게 3~4개월의 시간이 흐른 뒤 이 팀은 어떤 모습이 되었을까요? 분위기는 아주 좋았습니다. 팀원들끼리 자신들의 고민을 옆에 있는 동료에게 물어보기 시작했고, 동료가 모르는 부분이 있으면 자신이 알고 있는 자료와 정보를 공유하거나 전문가를 소개해 주기까지 했습니다. 개인의 지식이 아닌 '팀의 지식'으로 팀원들 모두가 협업할 수 있게 된 것이죠.

 '다양한 지식을 가진 구성원들과는 어떻게 일을 해야 할까요?'라고 묻는 팀장들이 많습니다. 저는 이 고민을 하기 전에 먼저 '팀원들이 가진 지식과 경험을 서로 공유하는 시간'을 가져야 한다고 말씀드리고 싶습니다. 이를 위해 팀장이 먼저 원온원 시간을 갖고 정보를 공유하는 것이 첫 번째이고, 이후 팀원 개개인의 지식과 경험들을 다른 팀원들에게 소개하고 가르치는 시간을 정기적으로 갖는 겁니다.

 앞서 고민을 이야기해 주셨던 팀장의 사례에서 볼 때 "이번에 이 대리가 정리한 신기술 부분에 대해 팀원들에게 공유하는 시간을 가지면 좋을 것 같은데, 동료들에게 도움이 될 만한 정보를 다음 주 중으로 공유해 줄 수 있을까?"라고 판을 깔아주는 것입니다. 이는 이 대리뿐만이 아니라 모든 팀원이 정기적으로 일주일에 1회, 또는 매월 1회씩 서로의 지식과 경험을 공유하며 학습과 이해의 시간으로 활용해 볼 수 있습니다.

이후 실제 업무 관련 소통을 하는 경우, 팀장이 모르는 분야에 대해 의사 결정을 할 때 구조화된 질문 세트를 사용해 보면 좋겠습니다. 이때 가장 중요한 것은 세 가지입니다.

첫째, 팀장보다 더 높은 수준의 지식과 정보를 가진 팀원이 스스로 의사 결정을 하도록 다양한 관점에서 질문한다.

둘째, 팀장은 팀원이 팀과 회사에 기여하는 의사 결정을 할 수 있도록 목표를 얼라인 한다.

셋째, 팀원이 실행 과정을 돕기 위해 중간 피드백과 지원을 팔로우업한다.

이때 사용할 만한 질문은 이렇습니다.

- 이번 과업의 목표가 무엇인가요?
- 회사와 팀이 중요하게 여기는 부분은 무엇인가요?
- 그 관점에서 현재 팀원이 알고 있는 지식과 경험은 무엇인가요?
- 그 방법으로 실행하게 될 경우 어떤 결과가 예측되나요?
- 만약 제안해 준 방법이 실패한다면 어떤 이유 때문일까요?
  그 문제를 어떻게 해결할 수 있을까요?
- 가장 빠르게 중간 피드백할 수 있는 시점은 언제인가요?
  그때 무엇을 확인해 보면 일의 성과를 판단할 수 있을까요?

- 이 과업을 수행하기 전에 궁금한 부분은 무엇인가요?

- 팀장이 어떤 지원을 해 주면 될까요?

- 팀장이 참고 / 학습하기 위한 자료와 레퍼런스가 있나요?

이 질문을 팀원에게 공유하고 팀원의 관점을 확장시켜주는 대화를 자주 나눠보면 좋습니다. 그러면 팀원의 지식을 팀장이 학습할 수 있게 되고, 팀원도 더 나은 방법을 찾기 위한 공부의 시간이 되거든요.

그럼 간단하게 원온원 대화를 공유해 보겠습니다. 이 대리가 먼저 팀장에게 원온원을 요청한 상황입니다.

팀장 : 먼저 원온원을 해 보고 싶다고 이야기해 줘서 고마워요. 어떤 이야기를 하고 싶은가요?
이 대리 : 지난번 상무님께서 저희 팀에 신기술 보고서를 작성해 달라고 하셨을 때, 제가 주제넘게 전달드린 것 같아서 사과드리려고 요청드렸습니다.

팀장 : 아니에요. 사과는 무슨…. 그때 먼저 알고 있는 내용을 자료로 정리해 줘서 너무 고마웠어요. 우리 팀은 다른 팀보다 팀원들

이 가진 지식과 경험이 많아요. 이번 신기술도 이 대리가 나보다 더 많이 알고 있잖아요. 팀장이라고 요즘 시대에 필요한 지식을 다 알 수는 없어요. 단지 우리 팀원들이 더 잘 알고 있는 부분을 활용해서 다른 팀원들이 주도적으로 일할 수 있도록 돕기만 하면 돼요. 팀장의 역할도 바뀌고 있으니까요.

이 대리 : 그렇게 말씀해 주셔서 감사합니다.

팀장 : 그런데 그때 이 대리가 보고서 초안을 공유해 주고 나서 저와 대화했었던 것 기억해요? 그때 내가 이 대리에게 했었던 첫 번째 질문이 '이번에 상무님이 신기술 보고서를 요청하신 이유가 무엇일까요?'였어요.

이 대리 : 네, 그때 저는 '상무님이 궁금해하시는 것 같아서'라고 말씀드렸는데, 팀장님은 최근 경쟁사 동향에서 그 신기술을 적용하고 있다는 이야기를 들으신 것 같다고 말씀하셨어요. 그래서 보고서를 조금 수정했고요.

팀장 : 맞아요. 나도 상무님을 통해서 들었어요. 최근 경쟁사가 신기술을 통해서 새로운 제품을 준비하는 전략을 짜고 있다고요. 그래서 상무님도 그 지식이 어떻게 제품에 반영되고, 우리 제품에 어떤 영향을 주게 될지를 고민해야 했다고 하셨어요. 이후에 이 대리가 수정해 준 보고서 덕분에 상무님께 칭찬을 받았습니다.

이 대리 : 네, 그때 팀장님이 2일에 한 번씩 중간보고하며 보고서를 수정하자고 하셔서 처음에는 '너무 간섭하시는 거 아닌가?'라고 생각했었는데 제가 보고서 방향을 잡을 수 있도록 질문해 주셔서 많은 생각을 할 수 있게 되었던 것 같습니다. 감사합니다.

팀장 : 그래요. 이렇게 서로가 알고 있는 지식과 경험을 공유하는 시간을 보내다 보면 조금씩 더 많이 성장하지 않을까 해요. 그래서 매월 1회씩 서로가 가진 지식과 경험을 공유하는 시간도 만들었던 거에요. 대신, 이 대리가 알고 있는 지식이 무조건 정답이라는 생각은 하지 않아야 해요. 내가 모르는 부분이 많은 것처럼 이 대리도 아직 모르는 부분이 많으니까요. 우리가 모르는 지식들이 계속 쏟아지고 있잖아요.

이 대리 : 네, 교만하지 않겠습니다.

팀장 : 고마워요. 이렇게 원온원을 먼저 요청해 줘서 고맙고, 알고 있는 지식들을 공유해 줘서 고맙고요.

이 대리 : 칭찬해 주셔서 감사합니다. 새로운 지식을 알게 되면 바로바로 팀장님께 공유해드리겠습니다.

지식의 역전 현상이 많이 발생하고 있습니다. 과거에는 선배나 리더로부터 지식을 전수 받았다면, 요즘은 유튜브, 챗GPT 또는 회사 밖 커뮤니티를 통해 지식을 학습하는 시대입니다. 그러니 리더가 알지 못하는 새로운 지식은 다양한 루트를 통해 정보를 얻는 팀원들이 더 많이 알게 되겠죠. 이때 필요한 것은 내가 알고 있는 지식으로 가이드를 주는 것이 아니라, 팀원이 이전과는 다른 관점에서 더 좋은 방법을 함께 찾도록 도와주는 것입니다.

- 지금 하고 있는 과업의 문제나 장애물은 무엇이라고 생각해요?
- 지금 방법대로 진행된다면 ○○○ 이슈가 나타날 것 같은데, 어떤 방법으로 이 문제를 해결할 수 있을까요?
- 혹시 ○○○라는 방법으로 접근해 보면 어떨까요?

이처럼 리더의 지식에 한정된 정답을 알려주기보다는 함께 대화하며 더 나은 답을 찾는 대화를 해 보는 것이죠.

이때 추가로 필요한 것이 '피드백'입니다. 이전보다 조금 더 빠르게 피드백을 하며 '목표 대비 진척도는?', '목표와의 갭은?', '좋은 결과를 만드는 방법은?', '기대보다 낮은 결과가 나왔을 때 대처 방안은?', '어떤 방법을 STOP, START, CONTINUE 하면 좋을까?' 등의 질문으로 대화를 나누며 빠르게 수정합니다.

지금부터 공부한다고 해서 리더가 구성원들보다 더 많은 지식을 학습하기는 어렵습니다. 리더는 그것 이외에도 해야 할 일들이 무척 많거든요. 그렇다고 새로운 지식과 기술에 대한 학습을 멈추라는 의미는 아닙니다. 어쩌면 죽기 직전까지는 학습해야 할지도 모릅니다. 하지만, 리더가 무조건 팀원들보다 뛰어난 지식과 기술을 알아야 한다는 목표를 가질 필요는 없습니다. 대신 구성원들이 가지지 못한 다양한 관점을 가져보면 좋겠습니다.

관점은 여러 방법으로 확장이 가능합니다. 질문과 경청, 토론을 통해서 얻을 수 있고, 외부 사람들과의 커뮤니티를 통해서 얻을 수 있으며, 전문가와의 멘토링과 코칭을 통해서도 가능합니다. 물론 요즘 시대 친구들처럼 책, 유튜브, 챗GPT 등을 통해서도 가능하죠.

요즘은 예측하기도 어렵고, 이전의 방법으로 문제를 해결할 수도 없는 불확실성의 시대입니다. 모두가 새로운 방법을 고민하며 더 나은 방법을 찾아야 하죠. 나보다 더 새로운 지식을 가진 MZ 세대 팀원, 또는 나보다 경력이나 나이가 많은 선배 팀원 모두에게 이런 접근을 해 보시면 어떨까요?

tip. 전문성이 뛰어난 팀원과의 대화 시 주의사항

1. 가장 중요한 것은 '내가 다 알고 있어', '내가 다 알아야 해', '내가 의사 결정을 할 거야'라는 마음을 내려놓는 것입니다. 대신 '팀원이 더 나은 결정을 할 수 있도록 돕는 시간'이라는 마음을 갖는 것이 가장 중요합니다.

2. 팀원이 이전보다 더 나은 의사 결정을 할 수 있도록 좋은 질문을 준비해 주세요.

 • **목표 얼라인** : "어떤 결정을 하게 되면 우리 팀의 ○○○ 목표에 기여하게 될까요?"

 • **다른 관점** : "○○님이 제안한 방법으로 의사 결정을 하게 되면 어떤 강점이나 약점이 있을까요? 어떤 지원이 필요한가요?"

3. 위임의 핵심은 '목표와 결과가 잘 연결되도록 돕는 것'입니다. 이를 위해 중간 피드백을 꼭 진행해 주세요.

 • **중간 피드백 시점 계획** : "최종 결과물이 1개월 후인데, 중간 피드백 미팅을 1주일 단위로 고정하면 어떨까요?"

 • **중간 피드백 결과물** : "주간 단위로 어떤 결과물에 대해서 이야기를 나눌까요?"

 • **중간 피드백 질문** :

 "목표 대비 진척도는 어떻게 되고 있어요?"

 "긍정적인 부분과 아쉬운 부분, 장애물은 무엇인가요?"

 "이번 주 기대하는 결과물은 무엇인가요?"

 "어떻게 해결할 계획이에요? 그 계획대로 진행된다면 다음 주 어떤 결과가 나올까요?"

 "제가 도와드릴 방법은요? 저는 ○○○이 우려가 되는데 이 부분은 어떻게 해결할 수 있을까요?"

6장

시니어 팀원과의
협업으로 얻은
여섯 번째 기회

면팀장*이 된 팀원

Critical Moment

박 팀장은 CX(고객 경험부서) 소속으로 9년간 근무하며 쌓은 직무 전문성과 소통 능력을 인정받아 올해 초 팀장으로 부임하였습니다. 조직의 리더로서 좋은 성과를 얻고 싶은 마음에 연초부터 부지런히 움직였지만, 생각대로 성과가 나오지 않아 걱정이 큽니다. 팀원들의 의견도 들어보고, 영업 방식 개선을 위한 활동도 해 보았지만 허사였다고 합니다.

그러던 중 박 팀장은 옆 팀의 선배 팀장으로부터 새로운 사실을 알게 되었습니다. 팀 내 김 부장이 담당하고 있는 거래처 키맨과 사이가 좋지 않다는 이야기였습니다. 김 부장은 작년까지 옆 부서 팀장 역할

---

* 면팀장 : 팀장을 하다가 팀원으로 내려온 직원

을 맡던 베테랑 영업맨이었는데 팀을 옮긴 후 거래처 활동을 등한시한다고 했습니다. 또한 후배들의 영업방식에 대해 비판하며 자신의 방식을 따를 것을 강요해, 주니어 직원들이 난감해한다는 이야기도 듣게 되었습니다.

박 팀장은 김 부장과 식사를 하며 문제가 무엇인지 대화를 나누고 싶었지만, 김 부장은 번번이 자리를 피합니다. 이런 상황에서 박 팀장은 김 부장을 어떻게 코칭할 수 있을까요?

요즘에는 정말 선배 팀원이 많아지고 있는 것 같습니다. 이전보다 30대, 40대 초반에 팀장 직책을 맡는 경우도 많고, 40대 임원도 쉽게 찾아볼 수 있거든요. 그만큼 팀장으로 있다가 팀원이 되는 면팀장의 사례도 많습니다.

'엘더Elder(연장자)'라는 명칭을 들어본 적이 있을 겁니다. 바로 조직에서 50대가 넘어선 선배 중에 임원이나 팀장이라는 리더 타이틀을 갖지 못한 직원을 일컫는 말입니다. 수년 전만 해도 많은 선배가 이른 퇴사 뒤 자기 사업을 시작했습니다. 그런데 요즘은 회사 밖의 삶이 불안정해 조금 더 안전한 조직에 머무르려는 직원들이 늘어나기 시작했습니다. 저 또한 많은 대기업과 프로젝트를 함께하고 있기에 요즘 시대 직장인들의 무게와 어려움을 느낄 수밖에는 없습니다. 요즘은 이런 트렌드를 '대잔류의 시대'라고도 부릅니다. 퇴사하지 않고, 안정적인 조직에 오랫동안 남아있으려는 시대인 거죠.

한 기업은 이 문제를 해결하기 위해 희망퇴직을 정기적으로 진행하며 직원들의 평균 경력과 연봉을 줄여나가기도 하고, 고참 임원과 고참 팀원들로만 구성된 팀을 만들어 어려운 과업보다 익숙하고 해결하기 쉬운 과업을 부여하기도 합니다. 그런데 문제가 있습니다. 엘더의 연봉이 팀장보다 더 높은 경우가 많다는 것이죠. 이를 지켜보는 요즘 세대들은 '왜 연봉을 많이 받는 선배보다 내가 더 어려운 일을 해야 하는가?'라는 질문을 던지며 엘더와 팀장을 압박하기도 합니다.

과거 엘더는 지식과 경험을 바탕으로 조직에서 중요한 역할을 수행했습니다. 그들의 경험이 일하는 방식이 되었고, 그 방식으로 성과를 만들어 내고 있었기 때문에 그만큼의 연봉을 받았습니다. 하지만 지금은 선배라고 해서 무조건 지식과 경험이 뛰어난 것은 아닙니다. 이제는 선배에게 지식과 기술을 전수받는 것이 아니라 새로운 프로그램이나 회사 밖 선배에게 배우는 경우가 더 늘어났기 때문이죠. 더 탁월한 지식으로 무장한 후배들이 생겨나기 시작했고, 엘더 또한 그 시장에서 뒤처지지 않기 위해 학습하고 배우고, 도전해야 합니다.

이와 비슷한 사례를 슬기롭게 해결한 팀장이 있습니다. 한 신임 팀장에게는 팀원이 6명 있었는데 그중 2명은 선배 팀원이었고, 1명은 전임 팀장이었습니다. 이 쉽지 않은 조직을 맡은 신임 팀장도 처음에는 아무것도 하지 못하고 눈치만 보고 있었습니다. 그런데 선배 팀장, 그리고 외부 코치와의 대화를 통해 하나의 연결점을 찾게 되었습니다.

신임 팀장은 한 달에 한 번씩 정기적으로 팀원들과 원온원을 했습니다. 그중 첫 번째 원온원 대상자로 전임 팀장을 선정했습니다.

전임 팀장과의 원온원은 회사 주변을 산책하며 시작했습니다. 이때 신임 팀장은 팀원에 대한 호칭을 '선배님'이라고 했습니다.

"선배님, 후배가 팀장이 되어서 죄송합니다."라는 이야기로 말문을 열었고, 선배 팀원은 "아니에요. 다 회사가 결정하는 건데요."라며 대화를 시작했습니다. 그 후로 대화는 서로에 대해 이해하는 시간이 되었고, 서로에게 기대하는 역할과 행동을 정리하게 되었습니다.

박 팀장도 위의 사례처럼 김 부장과 대화를 시도했습니다. 다음은 박 팀장과 김 부장의 원온원 내용입니다.

> 팀장 : 부장님, 이번 달 원온원 주제는 '커리어 목표'에요. 메일로는 공유를 드렸었는데요. 다른 팀원들과도 이 주제로 원온원을 나누고 있습니다. 부장님은 어떠세요?

김 부장 : 지금 내 나이에 커리어 목표가 뭐가 있겠어요. 조용히 은퇴하는 게 중요하지.

팀장 : 왜요? 부장님은 더 잘할 수 있는 분이시잖아요.
김 부장 : 잘하는 사람이면 팀장에서 안 내려왔겠죠. 지금 내 현실에 만족하고 사는 게 맞더라고요.

팀장 : 아니에요. 부장님은 남들보다 탁월한 부분이 많으세요. 참, 부장님은 예전에 어떤 팀장이었나요?
김 부장 : 그냥 뭐, 다른 팀장들과 똑같았어요.

팀장 : 저는 부장님이 신규 영업 채널을 가장 잘 찾아서 계약으로 연결했던 분이라고 들었습니다. 신규 영업 채널을 잘 찾았던 노하우가 있으셨나요? 저는 영업부로 이동한 지 얼마 안 되서 아직은 잘 모르는 분야라서요.
김 부장 : 그건 따로 정리해 놓은 게 있는데, 찾아서 공유해 드릴게요. 나는 아직 통한다고 생각하는데, 다른 사람들은 다들 아니라고 말하니까 이제는 잘 모르겠어요,

팀장 : 감사합니다. 전달해 주시면 열심히 공부하고 모르는 부분이 있으면 여쭤보겠습니다. 부장님은 커리어 목표 말고, 후배들에게

어떤 선배로 기억되면 좋을 것 같으세요?

김 부장 : 가르쳐 주는 선배 정도가 될 거 같은데요. 그런데 요즘에는 다들 '꼰대, 라떼' 하면서 들으려고 하지 않아요. 지난번에도 영업 방식에 대해 이야기했다가 옛날 방식이라고 해서 기분만 상했거든요.

팀장 : 속상하셨겠는데요. 저는 과거의 방법들이 모두 잘못된 방식이라고 생각하지 않아요. 그대로 해도 되는 것도 있고, 조금만 변형하면 좋은 성과가 나올 수 있는 방법들도 있다고 생각하거든요. 그래서 제가 그런 시간을 한번 만들어 볼까 하는데요. 선배님이 알려주시는 경험들 중에 '적용하고 싶은 부분이 있다면 편하게 물어보고 사용해도 된다'라는 말씀을 해 주셨으면 좋겠어요. 반대로 후배들한테는 선배의 경험을 배우고, 새로운 스킬들을 선배들께 가르쳐 드리는 시간을 가져보라고 하고 싶네요.

김 부장 : 그러면 나도 좋죠. 잘 안되지만 힘을 실어 준다니 고맙네요.

팀장 : 네, 저도 감사합니다. 그리고 종종 제가 모르는 거 있을 때마다 부장님께 원온원을 요청드려도 될까요? 부장님과 대화해 보면 더 좋은 방법들을 찾을 수 있을 것 같기도 해서요.

김 부장 : 그래요. 내가 어떤 도움을 줄 수 있을지는 모르겠지만….

팀장 : 감사합니다. 우선 자료 먼저 주시면 저도 보면서 공부하고, 공유하는 시간도 만들어 볼게요.

이처럼 선배 팀원과의 원온원에서 가장 중요한 포인트는 바로 '그가 가진 강점'과 '기대하는 목표'를 찾는 것입니다. 일반적으로 팀장보다 연차가 높은 선배 팀원들은 '리더가 되거나, A 평가를 받겠다'는 목표보다 조용하고 안전한 은퇴를 꿈꾸는 경우가 많습니다. 그래서 어려운 일보다 적당히 배우는 정도로 만족하려고 하죠. 그럼 그 어려운 일들을 누가 맡게 될까요? 바로 선배 팀원들보다 경력이 낮은 후배들입니다.

위의 사례처럼 선배 팀원이 회사에서 이루고 싶은 작은 목표를 찾도록 원온원을 이끌어 간다면 선배 팀원은 자신이 가진 지식과 경험을 통해 조금 더 영향력 있는 팀원이 될 것입니다.

그런데 모든 선배가 이렇게 좋은 답변만 주시지는 않을 겁니다. "난 할 만큼 했다. 그냥 이대로 조용히 있다가 은퇴할래."라고 말하는 선배 팀원도 있겠죠. 이때는 선배 팀원에게 '지시와 부탁'을 함께하는 방법을 제안하고 싶습니다. 이렇게 말입니다.

"저는 후배들이 김 부장님을 모르는 것을 물어보면 언제든지 다 알려주시는 선배님으로 기억했으면 좋겠습니다. 그만큼 가르치고 멘토링하는 걸 잘하신다고 들었거든요. 그래서 김 부장님이 가진 지식과 역량으로 후배들을 잘 끌어주셨으면 좋겠습니다. 후배들에게도 더 자주 김 부장님을 찾아가서 많이 여쭤보라고 하겠습니다."

앞서 말씀드린 원온원 대화 이후 선배 팀원과 팀장과의 관계는 어떻게 되었을까요? 팀장은 선배 팀원에게 기대하는 역할은 충분히 해 주고 계신다고 말씀을 드렸습니다. 그리고 자기 고집이 있어 좀처럼 의견을 굽히지 않는 후배 팀원이 고민이라며 이럴 때는 어떻게 이끌어야 하는지, 회사 생활의 조언을 물으며 즐겁게 대화를 마쳤습니다.

이처럼 선배 팀원과의 원온원에서 팀장이 고민할 부분은 '존중'과 '기대하는 역할'입니다.

만약 대화를 나누는 과정에서 선배 팀원이 끝까지 자신의 새로운 역할을 거부하면 어떻게 해야 할까요? 저는 HR과 팀장의 상사를 활용해야 한다고 말씀드리고 싶습니다. 즉, HR과 상사를 통해서 선배 팀원에게 명확한 목표를 부여하는 것이죠. 그런 뒤 선배 팀원과 원온원 세션을 진행하는 것입니다.

팀장이 모든 팀원을 다 코칭하거나 가르칠 수 없습니다. 팀장이 자신의 역할에 최선을 다한다 하더라도 변화하지 않는 팀원에 대해서는 팀장이 가진 모든 자원을 활용해서 변화를 촉진해야 하죠. 그리고 팀장이 가진 가장 강력한 힘이 바로 팀장의 상사와 HR입니다. 팀장도 혼자가 아니라는 것을 꼭 기억해야 합니다.

팀원들 개개인의 업무 목적과 방향은 다를 수밖에 없습니다. 하지만 그 목적이 지금과 같은 수준이라면 더 노력하고 공부할 필요가 없겠죠. 현재보다 조금 더 높은 수준으로 목표를 설정할 수 있도록 돕는 원온원을 해 보면 그 목표가 행동 변화의 시작이 될 수 있을 것이라 생각합니다.

최근 은퇴를 앞둔 직장인의 커리어에 대한 글들이 많이 공유되고 있습니다. 저 또한 하나의 글을 공유한 적이 있었는데요. 이때 4가지 키워드를 공유했습니다.

- **첫째, 나에 대한 이해** : 직장인으로 내가 무엇을 해왔고, 무엇을 할 수 있고, 무엇을 잘하는지를 아는 것
- **둘째, 나에 대한 브랜딩** : 내 지식과 경험을 외부인들에게 공유하고 알리는 것
- **셋째, 접점을 늘리는 커뮤니티** : 커뮤니티에 참석하며 나를 알리고 내 고민을 공유하는 활동을 하는 것
- **넷째, 커리어 롤모델 찾기** : 이미 은퇴하고 자신의 경력과 강점으로 다음 커리어를 만들어 가고 있는 선배 찾아가기

(출처 : 백종화 코치, 링크드인)

팀장이지만 아직 경력과 나이가 적은 팀장이 바로 선배 팀원의 성장과 커리어에 대한 이야기를 하기는 어려울 겁니다. 그런데 외부에는 이렇게 '시니어의 은퇴 후'와 관련된 좋은 글과 영상들이 많이 있습니다. 이런 자료나 책을 함께 읽고 선배 팀원의 다음 성장과 커리어를 대화를 나눠보는 것은 어떨까요? 조금은 덜 불편하게 말입니다.

성장 의지 없는 정년퇴직 예정인
선배 팀원과의 대화

Critical Moment

성장을 포기한 직원에게 어떻게 새로운 업무를 분배하고 회사의 기대치에 맞는 성과를 기여할 수 있도록 매니징할 수 있을까요? 그 직원은 곧 정년퇴직을 앞두고 있어서 도전을 꺼리고 현재 상태에 머무르려고 합니다. 또 이미 본인이 승진 가능한 레벨까지 다 올라간 상태기 때문에 더 이상 높은 레벨(피플 매니저)로 올라갈 가능성이 없다고 생각하고 있습니다.

이 질문을 받고, 최근 대기업에서 너무 많이 나오는 사연이라 정리를 해 볼 필요가 있다는 생각을 하게 되었습니다.

은퇴를 앞둔 시니어 직원의 비몰입은 쉽지 않은 문제입니다. 팀장보다 경력이나 나이, 어쩌면 연봉까지 높은 팀원이 가장 낮은 퍼포먼스를 보이면 다른 팀원들에게도 부정적인 메시지를 전하기 때문입니다.

"늙어가는 것이 문제는 아닙니다."

나이와 경력이 많은 구성원이 포진한 조직을 만날 때 제가 자주 하는 표현입니다. 현장에서 자주 느끼는 부분은 고연령, 고연차로 구성된 조직의 생산성 저하입니다.

이 부분이 궁금해서 챗GPT에 '나이와 생산성 관련 연구'를 검색해 봤습니다. 다음은 나이와 생산성의 상관관계를 보다 구체적으로 보여주는 일부 통계 및 데이터를 정리한 것입니다.

[Skirbekk 연구(2004)]

- **직무 유형별 생산성 변화 :** Skirbekk의 연구에 따르면 인지 능력이 중요한 직무에서 평균적으로 30대 후반~40대 초반에 생산성이 정점에 이르는 경우가 많다고 보고했습니다.

- **생산성 저하의 비율 :** 50세 이상부터 생산성이 연평균 약 1% 정도씩 감소한다고 제시합니다. 이는 신체적 혹은 인지적 요구가 큰 직무에서 두드러지는 경향이 있습니다.

[Avolio, Waldman, & McDaniel 연구(1990)]

- **나이별 생산성 차이** : 20~29세의 생산성을 100%로 기준을 두고, 30대는 98%, 40대는 95%, 50대는 90%의 생산성을 보인다고 보고했습니다.

- **관리직과 비관리직 비교** : 나이에 따른 생산성 저하는 비관리직에서 더 큰 폭으로 나타났으며, 관리직의 경우는 연령이 높아지더라도 경력과 경험이 축적되면서 비교적 안정적인 생산성을 유지하는 경향이 있었습니다.

[Börsch-Supan & Weiss 연구(2016)]

독일 제조업의 생산성을 조사한 결과, 20대 후반에서 30대 초반의 생산성이 가장 높았고, 55세 이후 생산성은 약 15% 정도 하락하는 것으로 나타났습니다. 그러나 숙련도가 높은 작업에서는 나이가 많은 직원이 더 우수한 성과를 내기도 했습니다.

(위의 데이터는 일반적인 경향을 보여주기는 하지만, 산업, 직무 유형, 경험의 정도에 따라 달라질 수 있음을 고려해야 합니다)

위의 사례를 해결하기 위해서는 다양한 접근 방법이 있겠지만, 저는 3가지 방법을 공유 드리고 싶습니다.

첫 번째, 상사의 도움을 받는다

당연한 이야기지만 은퇴를 2~3년 남겨둔 선배들은 자신에게 맡겨진 일을 잘합니다. 그분들은 이미 전문가이기도 하고, 일을 못 한다는 소리를 듣고 싶어 하지 않지요. 하지만 문제는 달성하고자 하는 높은 수준의 목표가 없다는 것입니다. 이때 팀장 혼자 모든 문제를 해결할 수는 없습니다. 그래서 상사나 HR의 지원이 필요하죠.

회사에서 나름 유명하고 영향력 있는 리더나 HR 담당자분은 팀원들과 정기적으로 식사나 커피챗을 할 기회를 만든다고 합니다. 동기부여를 위해서 말입니다. 그리고 그중 가장 마지막 라인이 팀장의 상사, 회사로 보면 본부장이나 임원입니다. 상사가 팀장이 어려워하는 시니어 팀원을 직접 만나 '기대하는 역할과 과업'을 공유하고, 피드백하는 것이죠. 직급과 경험이 높다면 더 높은 수준의 일을 할 수 있어야 합니다. 조직과 동료에게 더 큰 영향을 줄 수 있어야 하는 것이죠. 구성원들이 그 압박을 건전하게 갖도록 하는 것이 필요하고, 이것을 팀과 회사의 문화로 만드는 것이 필요합니다.

두 번째, 성과향상 프로그램에 참여하도록 한다

많은 회사가 시도하고 있는 장치 중 하나는 'BOOT CAMP' 또는 'BOOSTING'이라 불리는 '성과향상 프로그램PIP, Performance Improvement Program'의 도움을 받는 것입니다. 저성과자에게 개선의 기회를 제공하고, 필요시 교육, 직무 재배치, 보상 조정 등을 통해 성과향상을 도와주는 회사 내 프로그램입니다. 이 제도는 대기업에서 주로 활용했지만, 최근에는 스타트업과 주요 IT 기업에서도 활용하기 시작했습니다.

저 또한 이 프로그램을 설계, 운영해 본 경험이 있습니다. 제가 했던 방식은 HR과 상위 리더, 팀장이 각각 팀원을 정기적으로 면담하며 기대 목표 수립, 수시 코칭 피드백, 필요한 역량 교육 기회 제공이었습니다. 제가 속한 조직에서는 참석자의 30~40% 구성원들의 성과와 태도에 변화가 있었고, 성과가 계속 유지되는 인원들도 있었습니다. 만약 오랜 시간 변화가 없는 구성원들에 대해서는 '잘 헤어지는 방법'으로 소통을 이어갔습니다. 이유는 단 하나, 팀과 동료에게 부정적인 영향을 줬기 때문입니다. 하지만 헤어지기 전까지 리더와 회사는 최선을 다해 직원의 성장을 응원해야 하죠.

성과향상 프로그램의 대표적인 사례로는 SK 하이닉스의 PIP 제도가 있습니다.

1. 2013년경부터 도입, 매년 초 종합인사평가 결과, 최근 3년간 2회 이상 BE 이하 등급을 받은 직원들을 성장한계인력 풀^{Pool}로 선정 (성장가능성, 역량, 태도, 동료들의 의견 등을 종합)
2. 선정된 직원들은 약 3월 초부터 총 10주(외부업체 역량향상교육 8주, 피고가 직접 실시하는 직무 교육(1-2주))간에 걸쳐 성과향상 프로그램에 따른 역량 향상 교육 진행
3. 외부 역량 향상 교육은 리더십, 커뮤니케이션, 업무 스킬 등 일반적인 내용에 관한 강의 및 평가로 구성되고, 내부 직무 교육은 피고 내 교육기관에서

해당 직원들이 실제 수행하는 각 업무와 관련된 개별적 내용으로 구성

4. 위 과정을 마친 직원들은 3주 동안 인사 대기 발령 상태에서 팀장과의 피드백을 거쳐 당해 연도 성과향상계획서를 작성하여 현업에 복귀

(출처: https://blog.naver.com/PostView.naver?blogId=delight_cpla&logNo=222868862185&categoryNo=13&parentCategoryNo=13&from=thumbnailList)

세 번째, 학습 문화를 조성한다

고연령, 고연차 조직의 문제가 몰입과 생산성 저하인 것은 맞지만 근본적인 문제Root Cause는 아니라고 생각합니다. 제가 바라본 고연차, 고연령의 문제는 '학습과 체력 저하' 그리고 '목표의 상실'입니다. 저도 40대 중반이 되어가면서 조금씩 학습 능력이 떨어지는 걸 느낍니다. 여러 이유가 있겠지만, 무엇보다 이미 많은 지식과 경험이 있다는 생각에 학습에 대한 욕구가 줄어든 것도 있고, 신체적인 노화도 원인이 될 겁니다.

체력도 비슷합니다. 언제인가부터 야근이 힘들다는 생각을 하게 되었습니다. 집중력이 떨어져 확실히 효율이 나지 않았습니다. 이처럼 모든 것이 저하되는 시점에 수많은 고연차, 고연령 선배들은 새로운 도전을 멈춥니다. 그 과정에서 학습도, 체력관리도 멈추게 되죠. 만약 우리 조직이 고연차, 고연령으로 구성되어 있다면 다음과 같은 문화를 만들어 보면 좋겠습니다.

- 새로운 지식과 경험을 학습하는 문화

- 서로의 지식을 공유하는 문화

- 모르는 것을 물어보는 문화

- 어렵고 새로운 일에 도전하는 문화

- 운동하는 문화

행동을 바꾸는 것은 정말 어렵습니다. 그리고 지식과 경력이 많을수록, 체력과 여유가 부족할수록 그리고 안정적일수록 변화는 어렵죠. 하지만 안 되는 것은 아닙니다. 동기가 아닌, 저항을 줄이는 방법을 사용해 보면 됩니다.

tip. 의지가 없는 은퇴 직전의 선배 코칭하기

- 성장의 의지가 없는 팀원과의 코칭에서 가장 어려운 부분은 성장의 의지를 끌어올려 주는 것이 아닙니다. 가장 중요한 것은 이전과 다른 실행을 할 수 있도록 도전하게 하는 것이죠. 바로 다음 한 걸음을 떼도록 하는 것이 핵심입니다.
- 이를 위해 팀장의 상사와 HR의 도움을 받아 BOOSTING 프로그램에 참여하도록 합니다. 새로운 지식과 스킬을 학습하도록 돕는 이유도 바로 '일하는 방식의 작은 변화'를 시도할 수 있는 환경을 조성하는 것이죠.
- 그리고 그 작은 행동을 시작했을 때 팀장의 인정과 칭찬, 격려가 행동 변화를 유지할 수 있도록 돕습니다.
- '행동 변화 = 변화 동기 - 저항값'이라는 공식에서 저항값을 낮추는 방법입니다.

7장

팀 내 학습 부족으로 인한
일곱 번째 기회

우리 팀은
공부하고 있습니까

직장 생활을 하면서 '학습'이라는 습관은 신입사원과 주니어에게 만 필요한 부분일까요? 요즘처럼 빠르게 새로운 지식과 기술이 등장하던 시대는 없었습니다. 하나의 지식만으로 10년, 20년을 비즈니스에서 생존할 수 있었던 시대와 다르게, 현재는 작년의 성공 방정식이 해가 바뀌면 통하지 않는 시대가 되었습니다.

스타트업으로 처음 이직했을 때 제가 속한 회사는 '미디어 커머스'라는 새로운 마케팅 전략으로 국내에서 유일한 성공을 거뒀습니다. 제가 보기에도 탁월한 마케터와 리더가 많았고, 서로에게 자극이 되기도 하고 인사이트를 공유해 주기도 했었죠.

그런데 경쟁 기업들과 국내 대기업, 심지어 1인 기업가들이 우리의 방식을 따라 하는 데 채 1년이 걸리지 않았습니다. 수많은 기업과 개인이 우리의 성공 방정식을 학습했고, 그 과정에서 우리와는 다른 지식과 경험을 가진 새로운 이들과 경쟁을 해야 했습니다. 요즘은 우리가 가진 성공 방정식을 누구든지 따라 할 수 있습니다. 이런 시대를 살아가는 직장인들에게 필요한 것은 '새로운 지식과 경험을 학습하는 습관'이라고 할 수밖에 없습니다.

서로의 지식과 경험을 공유하는 '학습 조직'과 팀 학습

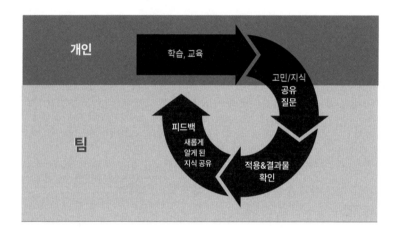

그런데 시대가 바뀌며 학습의 방법도 달라지기 시작했습니다. 바로 개인 학습에서 '팀 학습'으로의 변화죠. 도서관에서 혼자 공부하는 시대가 아닌, 빠르게 변화하는 지식과 기술을 배우기 위해 함께 학습하는 방법이 필요해진 시대입니다. 먼저 다양한 조직 학습의 사례들을 공유해 보겠습니다.

1. **정보 제공** : 팀원 11명이 매주 1명씩 돌아가며 20~30분 동안 자신이 가진 정보를 제공(프로젝트 경험, 자신의 멘토/코칭/학습 경험 등)

2. **인사이트 공유** : 6명의 인사 담당자들이 HR 인사이트, 인재경영, 원티드, 폴인, 클랩, 레몬베이스 중 한 가지씩을 담당하며 한 달간 개인 학습을 하고 하나의 인사이트 공유

3. **스킬 학습** : 1년 차 데이터 분석가가 사내에 4개의 데이터 분석 스터디를 운영하며 전략기획 팀장과 팀원, HR 담당자들에게 스킬 전수

4. **자격 준비** : 매주 1회 업무에 필요한 자격증을 준비하기 위해 자격증을 취득한 구성원과 자격증 취득 준비생이 모여 Q&A 진행

5. **북클럽** : 한 달에 한 권의 책을 읽고 인사이트를 공유(종종 저자와의 대화 진행)

6. **외부 강사 초빙** : 특정 분야의 전문가를 정기적으로 초빙해서 지식, 스킬, 툴을 학습(예시: AI, 리더십, 성격, 명상 등)

위에서 제시한 학습 방법을 이미 진행하고 있는 기업이 많습니다. 7명으로 구성된 N사의 한 개발팀은 다른 팀을 벤치마킹하는 담당자를 두고 그 팀의 일하는 방식, 기술을 리뷰하고 팀 내에서 공유하는 시간을 갖습니다. C사 개발팀 중 한 곳은 픽사의 브레인트러스트 방식을 변형해서 팀 단위 학습을 하고 있습니다. 프로젝트를 맡고 있는 한 명의 팀원이 2주에 한 번씩 팀원들에게 자신의 개발 현황을 공유합니다. 이때 임원과 주변 팀장 2~3명이 참석해서 팀원의 고민과

장애를 듣고 피드백을 주는 시간을 반복하고 있죠. 자신의 문제와 해결 과정을 동료들에게 공유하며 더 나은 방법을 찾아가는 겁니다.

팀장이 학습 조직을 운영하는 데에는 두 가지 기대와 하나의 목적이 있습니다.

첫 번째 기대는 팀에 없는 새로운 지식과 기술을 통해서 일하는 방식의 변화를 가져오는 것입니다. 이를 통해 조직은 이전과는 다른 방식으로 성과를 만들어 내고, 보다 높은 생산성을 끌어 올리는 기대를 하게 됩니다.

두 번째 기대는 구성원의 성공 지식을 확장하는 것입니다. 스킬이 높거나 툴 사용법이 탁월한 구성원의 성공 방식을 조직 내에 확장하는 것이죠.

이 두 가지를 통해 기대하는 목적은 한 가지입니다. 바로 '개인과 조직의 생산성 변화', 즉 퍼포먼스를 끌어올리는 것이죠. 그런 뒤 다양한 연구 결과를 통해서 이런 학습 조직이 미치는 긍정적인 영향을 공유합니다.

- **제조업에서 학습 조직이 활성화에 미치는 영향** : 학습 조직을 구축한 기업의 매출 성장률은 20% 이상 증가했고, 품질 향상 지표도 15% 개선되었다.
- **IT 산업에서 학습 조직이 혁신에 미치는 영향** : 학습 조직 도입 후 신제품 출시 속도가 30% 빨라졌으며, 혁신 제품의 매출이 전체 매출의 40% 이

상을 차지했다.

해외에서는 학습 조직이 더 적극적으로 조직에 긍정적인 영향을 준다는 결과가 나왔습니다.

- **Deloitte 보고서(2021)** : 학습 조직을 통해 기술 교육을 받은 직원들이 회사에 50% 더 많은 혁신 프로젝트를 성공적으로 이끌었다.
- **McKinsey 연구(2021)** : 학습 문화를 갖춘 조직에서 직원들의 참여도가 30% 이상 증가했다.
- **ASTD**American Society for Training and Development **연구** : 학습과 개발에 적극 투자한 기업은 주당 매출이 218% 더 높고, 각 직원당 수익률이 24% 더 높다. 또한, 직원 생산성이 평균 37% 증가했다.

그렇다면 어떻게 자발적인 사내 학습 조직을 싹 틔울 수 있을까요? 사내 학습 조직은 '성장'이라는 키워드에 맞는 사람들이 모여있는 곳입니다. 또 조직의 성장과 개인의 성장을 얼라인 하는 사람들이 모이는 곳이기도 하죠. 그런데 이런 학습 조직을 초기에 운영할 때 두 가지 딜레마를 경험하게 되는데 이것을 극복하는 것이 매우 중요합니다.

첫 번째 딜레마, 학습이 필요한 직원은 참여하지 않고, 이미 자발적으로 학습하고 있는 직원만 참여한다. 학습 조직을 운영하게 되면 이전과는 다른 지식과 스킬을 학습하게 됩니다. 그리고 배운 것 중 한 가지 이상을 업무에 적용해야 하죠. 또 내가 가진 지식과 경험을 동료들에게 공유하며 확산하는 활동을 할 수밖에 없습니다. 그런데 이 때 이런 활동을 좋아하지 않는 직원들이 등장합니다. 바로 '성장에 관심이 없는 구성원'이죠. 그러면 이런 학습 조직은 정작 학습이 필요한데 성장에는 관심이 없는 직원은 참여하지 않고, 성장하고 싶은 직원들만 참여하게 됩니다.

두 번째 딜레마, 사내 학습 조직에서는 조용하고, 사외 학습 조직에서는 적극적이다.

학습 조직에서는 참여자들의 학습에 대한 열정을 느낄 수 있습니다. '그저 더 잘하고 싶어서 배우고 있다'와 함께 '내가 무엇을 잘하는지 뽐내고 싶다'라는 두 부류의 사람들이 모이는 모임이기 때문이죠.

그런데 사내 학습 조직은 사외 학습 조직에 비해 열정과 참여의 몰입에서 차이를 보입니다. 동일한 학습자라 하더라도 사외 학습 조직에서는 의견도 많이 내고, 발표도 자주 합니다. 돈을 받는 것도 아니고, 평가에 반영되는 것도 아닌데 적극적입니다. 그렇게 사외에서 적극적으로 참여하던 구성원이 유독 사내 커뮤니티에 들어가면 조용해지는 모습을 자주 보게 됩니다. 그 이유는 사외와 달리 사내 학습 조직에서는 동료들의 눈치를 많이 봅니다. 서로 비슷한 지식과 경험을 공유하고 있어 자신의 지식이 탁월하지도 않고 차별성도 없다는 인식이 강하기 때문입니다.

그렇다면 사내 학습 조직에서는 누가 적극적일까요? 바로 경력이 많거나 직급이 높은 사람들입니다. 이런 상황이 반복되면 사내에서는 남들보다 탁월하지 않으면 지식을 공유하지 않으려 합니다.

개인이 학습 조직에 참여하는 이유는 배움이 목적이기도 하지만 내가 가진 지식과 경험들을 자랑하면서 이야기하는 기회를 얻기 위함이기도 합니다. 바로 참석자들과는 차별화된 지식과 경험을 예쁘게 포장해서 말입니다.

이와 같은 이유로 사내 학습 조직을 운영할 때는 반드시 유의해야 할 부분들이 있습니다.

규칙 1. 아무리 사소한 생각, 지식, 경험, 스킬이라 하더라도 자신 있게 자랑할 수 있는 문화와 분위기를 만들어야 한다.

규칙 2. 모르는 것을 물어보는 것에 눈치를 보지 않아야 한다.

규칙 3. 학습 조직에서만큼은 직급과 직책에 따른 권한이 아닌, 고민과 지식에 따른 수평적 조직이 되어야 한다.

다음과 같은 규칙으로 학습 조직을 이어 나간다면 설사 실력이 조금은 부족하더라도 적극적으로 참여하려는 구성원들이 확연히 늘어날 것입니다.

팀의 긍정적인 학습 문화는
이렇게 만듭니다

학습 조직의 긍정적인 부분은 너무나도 많습니다. '장기적으로 조직의 성과를 만들어 낸다', '개인의 커리어에 관심을 갖게 되고 그 과정에서 성장한다.', '더 나은 방법으로 일하는 방식을 터득한다' 등이죠. 그런데 사내 학습 조직을 활성화하기 위해 금전으로 보상하는 기업들이 있습니다. 이런 방식은 또 다른 폐해를 자아냅니다. 그래서 기업들은 '학습 조직'이라는 단어 앞에 '자발적'이라는 단어를 붙입니다.

그럼 지금부터는 '자발적 학습 조직'을 활성화하기 위해 해야 하는 행동과, 해서는 안 되는 행동, 즉 'Do & Don't' 몇 가지를 공유해 보겠습니다.

* Don't list

1. 평가에 반영하지 마라

학습 조직의 가장 중요한 관점은 '자발성'입니다. 이를 위해 조직에서 가장 피해야 하는 부분은 '학습 조직 참여를 평가에 반영하는 것'이죠. 성과 평가뿐만이 아니라, 구성원의 태도를 판단하는 것에도 유의해야 합니다. "A는 북클럽을 적극적으로 참여하니 성과가 나는구나"와 같은 표현도 조심할 필요가 있습니다.

2. 강요하지 마라

어릴 적 공부가 가장 하기 싫을 때는 언제일까요? '부모님이 공부하라고 잔소리를 해서 억지로 할 때'일 겁니다. 학습의 목적은 자신의 성장입니다. 학습이 행동의 변화로 연결될 때 성장할 수 있습니다.

3. 직급과 직책을 사용하지 마라

학습 조직에서 직급과 직책이 사용될 경우 학습을 위한 조직이 아닌, 업무를 하는 팀과 동일한 모습이 되어 버립니다. 이렇게 되면 젊은 직원들의 참여가 저조할 수밖에는 없습니다.

* Do list

1. 학습을 방해하는 문화를 제거하라

학습을 방해하는 가장 큰 문화는 '학습 시간에 업무를 부여하는 것'과 '학습에 참여하는 동료를 비하하는 것'입니다. 이러한 문화를 지키는 책임자는 직원 모두가 되어야 하지만, 특히 초기에는 각 팀의 리더가 되어야 합니다. 특히, 회의와 보고 시간을 피하도록 하는 규칙이 필요합니다.

2. 학습 조직을 위한 학습 시간을 고정화하라

S사의 한 부서는 매주 금요일 2시~3시 'STUDY TIME'이라는 고정된 시간이 있습니다. 이 시간은 회의도, 미팅도, 업무도 진행하면 안 되고 오로지 학습만 해야 합니다. 학습의 방법은 다양합니다. 혼자서 커피를 마시며 책을 읽거나 유튜브 동영상을 시청할 수도 있습니다. 또 회의실 어딘가에서는 단체로 스터디 모임이 진행되는데 무엇을 하든 자유입니다. 하지만 중요한 것은 '나의 업무적 성장을 위해 학습한다'라는 규칙을 준수하는 것입니다.

3. 관심을 표현하라

리더, 특히 팀장이 팀원들과 자주 '요즘에는 무엇을 학습하고 있나요?'라는 질문을 던져본다면 학습에 대한 문화가 더 크게 성장할 수 있습니다.

4. 리더도 참여하라

팀장이 동일한 관점에서 학습에 참여하는 모습을 보여주면 좋습니다. 특히, 팀장이 가장 취약한 부분인 AI 활용, 동영상 편집, 노션 사용과 같은 주제를 선택하면서 자신의 역량을 개발하려는 모습을 보여주면 많은 구성원에게 강력한 동기부여가 됩니다.

5. 시즌제를 제안하라

3개월, 6개월, 1년 등의 시즌을 정하고 그 안에서 학습을 할 수 있도록 하는 제도입니다. 시즌제로 운영하게 되면, 다양한 학습을 통해 구성원들의 관점과 관계를 확장할 수 있다는 장점이 있습니다. 또, 학습 기간 동안 몰입해 더 큰 성과를 가져옵니다.

시니어 팀원을 위한
학습 방법

Critical Moment

김 팀장은 올해 4월 본부장으로부터 팀장 역할을 맡을 것을 요청받았습니다. 본부장님께 사유를 물으니 기존에 팀장을 맡고 있던 최 부장님이 성과부진 및 팀원과의 갈등으로 직책을 내려놓았다고 합니다. 본부장님의 간곡한 요청으로 직책을 맡기는 했지만, 팀장이 된 순간부터 김 팀장은 수많은 난관에 부딪히게 되었습니다.

팀원들의 업무를 파악하고, 업무를 부여하기 위해 면담을 하려고 하면 정년을 앞둔 선배 팀원들은 당연하다는 듯이 "얼마 안 남았으니까 내버려 둬"라는 말을 하기 일쑤였습니다.

김 팀장은 친한 선배 팀장에게 사정을 말하며 도움을 요청했지만, 오랜 기간 조직 내에서 형성된 관계 탓에 선배 팀장도 퇴직 예정 선배들에게 이야기하기 곤란하다는 답변을 들었습니다.

팀의 성과를 개선하고 팀웍을 정비하기 위해서는 퇴직 예정인 선배들의 변화가 필요한데, 어떻게 변화를 이끌 수 있을지 막막합니다. 김 팀장은 어떤 코칭 대화를 통해 선배 팀원들의 마음을 움직일 수 있을까요?

이 상황에서 가장 큰 핵심은 '팀원의 잘하려는 의지가 없다'는 것입니다. 앞에서 이야기한 성장이 막힌 팀원에 대한 이야기와 같습니다. 의지가 없다는 말은 '더 어렵거나 새로운 과업을 하지 않겠다'라는 말로 해석할 수 있습니다. 그저 '일을 하기 싫다'라고 해석할 수도 있고, '현재 수준에서 쉬운 일만 하겠다'라는 메시지일 수도 있습니다. 이때 팀장은 어떻게 해야 할까요? 팀장 혼자서 모든 문제를 해결할 수는 없습니다. 그래서 상사의 지원을 어느 정도 받으셨으면 좋겠습니다. 가장 좋은 것은 멘토링을 받을 수 있는 구조를 만드는 것입니다. 제가 가장 많이 접하는 사례가 '주변에 멘토링을 잘해 주시는 선배에게 부탁하는 것'입니다.

외부 멘토나 코치와의 시간을 함께 갖게 될 때 좋은 점이 하나 있습니다. '팀원 스스로 자신을 객관화해서 볼 수 있다'는 것입니다. 같은 팀에 있거나 매번 만나는 사람들에게서 새로운 부분을 찾기는 어렵습니다. 그러다 보니 지금의 내 모습이 좋은지, 나쁜지 판단하지 못하게 됩니다. 외부의 경험을 토대로 자신을 더 객관화해서 바라볼 수 있도록 하는 것이 바로 외부 멘토링의 목표입니다.

그래도 변화가 없다면 마지막 퍼즐은 바로 팀장의 상사입니다. 본부장이나 임원을 만나 피드백을 받게 되면 성장에 대한 압박을 받을 수밖에 없습니다. 저는 이러한 건전한 압박을 문화로 만드는 것이 필요하다고 봅니다.

그 문화는 모든 직원이 동일하게 생각할 수 있는 것이어야 합니다. '은퇴하기 직전까지 자신의 과업에 최선을 다해야 한다'는 메시지를 회사의 모든 구성원이 인지하고, 실행할 수 있어야 한다는 의미입니다. 연봉이 높은 사람이 더 어려운 일과 조직에 기여하는 일을 해야 하는 것도 같은 맥락입니다. 그래서 '살살해도 된다'가 아니라, '받은 만큼 조금 더 해야 한다'라는 생각을 할 수 있는 팀 문화를 조성하는 것이 필요합니다.

그럼 팀장은 어떤 관점에서 시니어 팀원과 원온원을 하면 좋을까요? 시니어 팀원에 대해 팀장은 명확하게 기대하는 역할과 과업을 알려주고, 그 과업을 수행하기 위해 필요한 스킬과 툴을 가르쳐 주거나 배울 수 있는 환경을 찾아주는 것이 핵심입니다. 그리고 원온원을 자주 하되, 회의실보다는 조금 편안한 공간에서 할 것을 추천합니다.

먼저 선배 팀원에게 물어보고, 편한 공간을 찾아봅니다. 제가 아는 한 팀장은 시니어 팀원의 출근 시간인 7시에 맞춰 출근하십니다. 두 분은 아무도 없는 시간에 출근하는 것이 편해 그때 원온원 대화를 자주 하신다고 합니다. 이처럼 시니어 팀원이 가장 편안하게 느끼는 시간에 원온원을 해 보시길 추천드립니다.

시니어 선배 팀원 중에 일을 잘 하지 못하는 분들의 특징 중 하나가 바로 엑셀, 파워포인트, 인터넷에 서툴다는 겁니다. 아주 사소한 컴퓨터 사용 능력도 떨어지다 보니 자신의 생각과 지식을 체계적으로 정리하지 못합니다. 문제는 이들이 굳이 지금도 잘해왔는데 새로운 기술이나 능력을 배워야 하나, 라는 생각을 한다는 겁니다.

먼저 질문을 해 보겠습니다. 만약 ○○님이 작년에 10이라는 숫자를 달성했다고 합시다. 이때 A라는 방식을 사용했어요. 그럼 올해 목표를 얼마로 잡고 싶을까요? 작년에 10을 했으니까 11이나 12, 조금 더 하면 13 정도겠죠. 그러면 올해 13이라는 숫자를 달성하기 위해서는 어떤 방법을 사용하면 될까요? 작년에 사용했던 A라는 방식을 그대로 해도 되지 않을까요? 이미 검증된 방법이니까요. 저도 그렇게 생각했었습니다. 이미 작년과 같은 방법으로 업무를 해도 목표 달성이 가능한데 굳이 새로운 방식이 필요할까요? 아닐 겁니다. 그냥 내가 알고 있는 것으로만 해도 목표가 달성되기 때문입니다.

물론 무조건 높은 목표를 세우고 새로운 지식과 기술을 배운다고 해서 성장하는 것은 아닙니다. 하지만, 어렵고 새로운 목표에 도전하게 되면 그 과정에서 새로운 무기를 하나 더 가지게 되는 겁니다. 그리고 바로 이때 성장을 하게 됩니다.

간단하게 이야기해서 파워포인트 하나만 쓸 수 있었다가 엑셀과 챗GPT를 사용할 수 있게 되면 더 다양한 일을 효과적이고 효율적으로 할 수 있게 된다는 이야기입니다. 그래서 우리는 열심히 일하는 것뿐만이 아니라, 새로운 지식과 기술, 툴을 배우고 익숙하게 되도록 연습해야 합니다. 그래야 업무의 영향력을 끌어올릴 수 있거든요.

시니어 팀원의 학습을 이야기했지만, 학습은 꼭 시니어에게만 필요한 것은 아닙니다. 팀원 전체적으로 학습을 하는 분위기를 조성하는 것이 필요하죠. 이것이 바로 지금까지 이야기한 '학습 조직'입니다.

이러한 학습 조직을 잘 키우기 위해 필요한 팀장의 역할은 무엇일까요? 팀장의 다양한 역할에서 '조직과 구성원의 성장과 성공'이라는 단어를 빼고는 설명이 되지 않습니다. 그리고 이 역할을 수행하기 위해 가장 중요한 활동은 '조직 내 자발적 학습 조직 문화'를 구축하는 것이죠. 요즘은 너무나 빠르게 지식과 기술이 발전하는 시대입니다. 그래서 현시대를 '홀로 성장할 수 없는 시대'라고 말합니다. 독학으로 성공하고 성장할 수 있는 시대는 지났습니다.

아래 질문에 대해 고민해 보며 우리 회사의 사내 학습 조직을 만들어가 보면 어떨까요?

- 우리 팀은 '학습'하려는 구성원에게 기회를 주는가? (시간, 환경, 문화)

- 우리 팀은 동료의 학습을 돕는 구성원의 영향력을 인정해 주는가?

  (인정과 칭찬)

- 우리 팀의 핵심 역량에 '학습'과 '학습 환경 지원'이 있는가? (시스템)

- 우리 팀의 학습하지 않는 구성원들은 스스로 스트레스를 받는가? (인재상)

이 4가지의 질문에 답을 정리하는 과정이 사내 학습 조직을 위한 팀장이 해야 할 과업입니다.

tip. 팀장보다 선배 팀원을 동기부여해야 할 때

1. 가장 중요한 것은 '존중'입니다. 직급과 직책을 넘어서서 동료이자 선배로 대우하는 것이죠. 이 때 '○○님 입장에서는 그렇게 생각하실 수도 있을 것 같습니다'라는 메시지와 함께 '더 잘할 수 있고, 더 긍정적인 영향력을 전할 수 있는 분'이라는 마음을 가지고 대화에 임하는 것이 필요합니다.

2. 다음으로 소통해야 하는 것은 '기대하는 역할'을 얼라인 하는 것입니다. 과거의 경험, 실패와는 상관없이 팀장이 기대하는 '미래 모습, 성과, 행동'을 구체적으로 알려주는 겁니다.

3. 팀장의 다양한 노력과 기회 제공을 포기하는 팀원도 있습니다. 그때는 혼자서 팀원을 케어하기보다는 팀장의 상사, HR에 도움을 요청하시면 좋습니다. 이때 사용할 수 있는 방법이 있습니다.

   1안 : 임원이나 본부장이 해당 팀원과 만나 '기대하는 목표, 모습을 공유'하고 팀장에게 지원받도록 조치하는 방법
   2안 : HR의 부스팅 프로그램처럼 반복되는 저성과자들의 교육 프로그램에 참여하도록 하는 방법

4. 가장 중요한 것은 학습입니다. 새로운 지식과 기술을 학습하는 속도가 느릴 수는 있겠지만, 학습을 멈추는 순간, 변화도 멈추고 동기부여도 멈춘다는 것을 꼭 기억해 주셨으면 좋겠습니다.

5. 팀장이 어떤 의사 결정을 하든 팀원 개개인의 존중과 함께 팀 전체의 생산성과 업무 동기도 중요함을 인지하는 것입니다. 구성원 한 명의 동기 결여가 다른 팀원들에게 부정적 영향을 주지 않도록 말입니다.

8장

면접관이 된 팀장의
여덟 번째 기회

리더에게 주어진 가장 강력한 책임은 면접입니다

리더가 가장 싫어하는 시간이 있습니다. 일할 시간을 빼앗기는 '업무 외적인 시간'입니다. 임원의 회의나 미팅에 목적 없이 배석해야 할 때도 있고, 시무룩한 팀원의 고충을 듣는 시간도 낭비라고 여기는 리더가 있습니다. 또 하나의 낭비 시간은 '면접'입니다. 함께할 직원을 채용하는 면접을 업무 시간을 빼앗는 낭비로 여기는 리더가 정말 많습니다. 그런데 저는 면접을 통해서 사람 보는 눈을 키웠고, 면접관 교육을 받으면서 대화와 회의 스킬을 배우게 되었습니다. 또 내가 면접에서 평가했던 구성원들을 현장에서 다시 보며 '말과 행동'을 어떻게 구분해야 하는지를 알게 되었죠.

리더에게 면접은 '사람 보는 안목을 키우는 시간'이자, 기업에 가장 중요한 '미래 성과를 만들어 낼 인재를 찾는 시간'이라고 말씀드리고 싶습니다.

기존에 면접을 어떻게 생각하셨는지 모르겠지만, '이런 관점에서 면접이 나에게 성장의 기회구나'라는 생각을 가질 수 있도록 면접을 달리 보는 시각을 제안해 보겠습니다.

많은 분이 면접을 '채용을 위한 단계'로만 인식합니다. 이럴 경우 문제는 내 앞에 있는 면접자에 대한 존중이 부족해집니다. 면접자를 '평가 받는 사람'으로 인식하기 때문입니다. 또한 면접관으로 참여하는 리더나 구성원들은 자신의 시간을 할애해서 면접을 본다고 착각하기도 합니다. 자신의 일도 아닌데 희생한다고 생각하죠. 이런 마음이 어떤 태도를 만들어 낼지는 뻔합니다. 그런데 저는 면접을 서로에게 성장의 기회가 되는 '쌍방향의 의미 있는 대화'라고 말하고 싶습니다.

1. 면접자는 회사에 이런 기대를 품고 면접을 진행합니다

면접자는 자신을 존중해 주는지 알기 위해서 면접에 참여하고, 과거 나의 경력과 지식, 경험을 인정해 주는 곳인지 궁금해합니다. 나에 대해 어떤 기대를 갖고 있는지도 알아야 하고, 내가 성장할 수 있고, 성공할 기회가 있는 곳인지 아는 것도 중요합니다. 그리고 나에게 어떤 권한과 책임이 부여되는 곳인지 알고자 합니다.

그래서 이런 질문을 하는 구성원은 정말 좋은 관점을 가진 직원이라고 이야기하고 싶습니다.

"혹시 제가 회사에 입사하게 된다면 해야 할 과업과 미션은 무엇일까요? 그 과업과 미션은 회사의 미션, 비전과 어떻게 얼라인 되어 있나요? 그 과업을 수행하기 위해 제게 주어지는 리소스와 권한, 책임은 무엇인가요?"

만약 제가 면접관이라면 이렇게 질문하는 면접자에게 가산점을 줄 겁니다. 면접관을 통해 나는 어떤 동료들과 일을 하게 되는지를 알아보는 시간이 바로 면접자가 바라보는 면접입니다.

2. 면접관은 이런 마음을 품고 면접을 진행해야 합니다

면접은 내가 경험하지 못했던 다른 지식과 경험을 학습하고, 함께 성장할 동료를 선발할 수 있는 권한을 회사로부터 부여받은 자리입니다. 또 회사와 팀의 성장과 성공에 기여할 수 있는 인재를 찾는 자리이기도 하죠. 면접은 면접관이 갑의 위치에서 사람을 구하는 인력 소개소가 아니라는 것을 인지하는 것이 가장 중요합니다. 이유는 면접자에게 면접관은 면접 보는 회사가 어떤 곳인지를 브랜딩할 수 있는 단 한 사람이기 때문입니다. 면접자가 경험한 면접관의 태도와 자세, 면접자를 바라보는 가치관과 관점이 바로 이 회사의 인재상이라고 판단하기 때문이죠. 면접관 한 명의 모습이 회사를 대표하는 모습이 되는 것입니다. 그만큼 면접자에게는 중요한 시간이고, 그 시간을 위해 회사 대표로 나온 사람이 면접관이 되는 것입니다.

면접은 현재와 미래를 동시에 아우르는 인재의 장입니다

직원을 평가할 때 가장 쉽게 확인할 수 있는 것은 퍼포먼스입니다. 즉, 이 사람이 올해 얼마의 수익을 올렸는지, 무엇을 이루었는지를 확인하는 것이죠. 그런데 단순히 한 해의 기여와 공헌 관점에서 직원을 평가하게 되면 다음과 같은 사례는 있을 수 없었을 겁니다.

한 기업에서 30년 넘게 근무하셨던 A 부회장이 자신이 회사에 가장 큰 기여를 한 것이 'B 부회장을 채용한 것'이라고 이야기한 적이 있습니다. 40여 년 전 CEO가 면접에서 떨어트린 인턴 B를 A 부회장이 적극적으로 어필해서 채용하였고, 이후 인턴 B는 엄청난 영향력으로 회사에 큰 공을 세웠습니다. 만약 인턴 B를 면접에서 떨어트렸다면 그 기업은 현재의 모습을 갖추지 못했을 정도입니다.

이처럼 면접은 조직의 현재가 아닌, 미래를 위한 활동입니다. 위의 사례처럼 면접은 최소 3~5년, 더 길게 20~30년 후의 회사의 미래를 바꾸는 기여와 공헌을 할 인재를 뽑는 시간입니다. 그리고 단순한 '갑과 을의 관계'가 아닌, '서로에게 성장과 학습을 제공하는 의미 있는 시간'이라는 관점이 필요합니다.

한번 진지하게 고민해 봅시다. 우리 회사는 면접에 어떤 가치를 부여하고 있을까요? 우리 회사의 경영자와 우리 팀의 리더가 면접에 얼마의 시간을 투자하고 있는지도 확인해 봐야 합니다. 면접은 조직에서 가장 중요한 일이기 때문입니다.

'면접을 본다'는 것은 두 가지 의미를 가지고 있습니다. 면접관 관점에서는 '우리 회사에 필요한 사람은 누구인가?'를 알아보는 기회이고, 면접자로서는 '나에게 맞는 회사인가?'를 관찰하는 시간입니다. 그런데 면접을 볼 때 자주 하는 실수가 있습니다.

그것은 '현재 시점'에서의 인재를 찾는 겁니다. 이 말은 '지금 당장 우리 회사, 팀이 필요로 하는 과업을 수행할 수 있는가?'라는 관점에서만 인재를 채용하는 것입니다. 이때 면접관은 '현재의 역량과 스킬, 자격'을 중심으로 인재를 판별합니다. 조금 더 고심한다면 '현재의 문제를 어떻게 정의하고 어떤 방식으로 해결하는가?'라는 관점에서 인재를 판단합니다.

이렇게 현재 시점에서 인재를 채용하면 때로는 문제가 생기기도 합니다. 바로 영입된 인재가 새로운 과업이나 더 어려운 과업을 맡게 될 때입니다. 현재의 역량을 중심으로 인재를 판단하게 되면 미래 과업의 변화에 적응하지 못하는 경우가 많습니다.

그래서 면접관에게 필요한 눈은 현재와 함께 '미래 성장 가능한 인재'인가를 판단하는 것입니다.

이를 위해 면접자에게 확인해 볼 주제가 몇 가지 있습니다.

- 어려운 문제와 새로운 목표에 도전하는가?
- 다른 의견을 듣고 반영하는가?
- 피드백과 학습을 하는가?
- 자신의 성장을 돕는 멘토와 코치, 자신이 성장을 돕는 멘티가 있는가?
- 실패의 원인은 외부와 내부에서 함께 찾는가? 실패를 인정하는가?

이 질문들에는 '사람은 언제 성장하는가?'에 대한 답이 담겨있습니다. 짧게는 1년, 혹은 3~5년 전의 모습보다 빠르고 크게 성장하는 직장인의 특징은 무엇일까요? 그들은 어렵고 새로운 일, 자신의 레벨보다 더 높은 수준의 목표와 직책에 도전합니다. 눈 앞의 달성할 수 있는 과업은 쉽지만, 그만큼 내게 배움을 주지 못한다는 것을 알기 때문입니다. 반면 어렵고 새로운 일은 현재 내 수준의 지식과 경험으로 달성이 어렵습니다. 그래서 이전에는 하지 않았던 배움의 시간을 갖게 됩니다. 면접은 바로 이러한 관점에서 질문을 고심해 두고 현재보다 미래 성장할 수 있는 인재를 찾는 것입니다.

수많은 면접으로 인한 의사 결정 피로는 어떻게 해결할까요

"Decision Fatigue", 한국어로는 '의사 결정 피로'라고 합니다.
'의사 결정 피로'는 **시간이 지날수록 의사 결정의 기준이 올라가며 결국에는 의사 결정의 품질이 저하되는 현상**을 말합니다.

의사 결정 피로가 가장 흔히 나오는 현장이 바로 '면접'입니다. 만약 하루 종일 동일한 기준으로 면접을 보게 된다면 오전과 오후 합격자의 비중은 어떻게 될까요? 오전에는 면접관이 상대적으로 긍정적인 평가를 내릴 가능성이 높고, 오후로 갈수록 부정적인 평가를 내릴 확률이 높아집니다. 이것이 바로 전형적인 의사 결정 피로의 결과입니다.

다니엘 핑크의 『언제 할 것인가?』라는 책에는 "면접관에게 좋은 인상을 남기고 싶은가? 그렇다면 오전에 면접관의 기분이 대체로 좋다는 사실을 알고 있는가?"라며 오전 면접의 성공 확률이 높다는 이야기를 전하죠.

이는 면접뿐만이 아닙니다. 하루 종일 회의를 하고 의사 결정을 내리는 리더들, 온종일 같은 상품을 보며 평가를 해야 하는 MD, 끊임없이 구성원들과 원온원 미팅을 해야 하는 팀장들에게도 벌어질 수 있는 일들입니다.

2011년 미국 국립과학원회보PNAS에 발표된 판사들의 가석방 결정 연구도 있습니다. 이 연구에 따르면, 오전에 가석방을 신청한 피의자가 가석방될 확률은 약 70%였으나, 오후로 갈수록 이 비율은 거의 0%로 떨어졌다고 합니다. 가석방 심사위원회의 판사들의 피로도가 오후에는 올라갔기 때문입니다.

'의사 결정 피로'가 발생하는 가장 큰 이유는 '비슷한 질문과 답변'이 반복되기 때문입니다. 오전에 만난 면접자들에게 들었던 신선한 답변들은 오후가 되면 식상한 답변이 됩니다. 면접관들에게 꽤 많은 학습이 이루어졌기 때문이죠. 그래서 되도록 정확한 답변을 하는 것이 더 위험한 상황이 될 수도 있습니다. 오후 면접자들의 답변은 이미 오전 면접자들에게서 나온 뻔한 이야기일 테니까요. 만약 내가 오후 면접자라면 저는 누구나 할 법한 이야기가 아닌, '나만의 논리적 접근, 나만의 단어'를 표현하기 위해 더 노력할 것 같습니다. 오전과 차별을 두어야 하니까요.

'의사 결정 피로'의 두 번째 이유는 체력 저하입니다. 하루 종일 대화를 해야 하는 사람들, 특히 말과 행동을 통해서 무엇인가 차이를 찾고 평가해야 하는 사람들이 사용하는 에너지는 엄청납니다. 리더들도 하루 원온원 미팅을 3명 이상은 어렵다고 합니다. 오후가 되면 대화에 쓸 에너지가 부족하기 때문이죠. 결국 오전 면접자들은 쌩쌩한 면접관과 대화를 나눴지만, 오후 면접자들은 지루해하는 면접관들을 설득해야 합니다.

이를 방지하는 방법은 다양합니다. 하나는 면접관들에게 충분한 휴식을 취할 수 있도록 환경을 주어 시간을 조정하는 것이고, 또 다른 하나는 면접관의 의견이 아닌, 면접자의 말과 행동에 집중해서 평가하는 것입니다. 그저 '참신하다'가 기준이 아닌, 회사에서 중요하게 여기는 가치관과 행동을 상상해서 말하는지, 실제 자신의 스토리로 이야기하는지로 평가해야 한다는 것이죠.

면접관은 다양한 면접자들을 만나게 됩니다. 이때 각 차수별로 좋은 평가를 받는 사람들이 나오게 되는데요. 하지만 차수별로 평가를 하는 것이 아니라, 전체 참석자들 중 우선순위를 따지는 방법이 필요합니다. 이때 기준은 '그가 답변한 말과 태도'가 기준이 됩니다. 이 과정을 통해 오전과 오후 면접자들의 말과 행동을 동일하게 평가해야 합니다. 이 모든 과정에 신중을 기해야 하기에 면접이 어렵고 중요합니다.

면접관의 '겸손한 질문법'을 배워봅시다

'겸손한 질문Humble Inquiry'은 조직 심리학자 에드거 샤인Edgar Schein
이 제안한 개념입니다.

이 질문은 '상대방의 의견이나 경험에 대해 진정성 있는 관심을
가진 질문'으로 정의되는데, 리더가 자신의 지식과 경험을 바탕으로
일방적인 지시를 내리고 평가하는 것이 아닌, 구성원이 스스로 답을
찾을 수 있도록 좋은 질문을 던져서 그의 생각의 확장을 돕는 소통
방식입니다. 이러한 질문과 대화는 리더와 구성원 사이에 신뢰를 구
축하며, 더 깊이 있는 학습을 가능하게 합니다.

이는 저 역시 격하게 동의하는 부분입니다. 저의 코칭이나 워크숍
을 함께하시거나 강의를 들어보신 분, 혹은 제 책을 읽어 보신 분들
은 아시겠지만, 제 모든 대화의 기본은 '질문'입니다. 그중에서도 평
가와 판단을 내리지 않는 질문입니다.

겸손한 질문을 하는 방법은 다양합니다.

1. 판단 유보

질문할 때는 상대방의 답변을 미리 판단하거나 예단하지 말아야 합니다. 질문의 목적은 상대방이 가진 정보를 끌어내고, 이를 통해 새로운 통찰을 얻는 것이기 때문입니다.

2. 적극적 경청

상대방의 답변에 온전히 집중하고, 중간에 끼어들거나 방향을 바꾸지 않고 끝까지 듣는 태도가 필요합니다. 적극적으로 경청하면 상대방이 더 많은 정보를 공유하게 되고, 신뢰가 쌓입니다.

3. 중립 질문

"네/아니오"로 대답할 수 있는 폐쇄적인 질문보다는, 상대방의 생각과 판단을 표현할 수 있는 중립 질문을 사용합니다. 예를 들어 "이 일을 어떻게 처리하고 있나요?", "그 과정에서 알게 된 강점과 약점은 각각 무엇인가요?", "현재 상황을 어떻게 느끼시나요?", "이대로 1개월이 지나면 어떤 결과가 예상되나요?"와 같은 질문이 그 예입니다.

4. 정답 없는 질문(상대방의 의견에 대한 호기심)

리더가 모든 답을 알고 있다고 생각하는 대신, 자신도 모르는 것이 있음을 인정하고 배우려는 자세로 질문하는 것이 중요합니다. 이때 구성원들은 저변에 감춰진 자신의 생각을 오픈하기 시작하며 자신의 재능을 뽐내게 됩니다.

겸손한 질문은 내 생각을 잠시 내려놓고 상대방의 생각에 집중하기 위한 대화법입니다. 그리고 그 대화 속에서 상대방은 조금씩 자신의 관점을 확장하게 되고, 미지에 숨겨진 생각들을 꺼내놓게 되죠.

겸손한 질문은 스스로 생각하고 말하게 하는 힘이 있습니다. 그리고 자신이 말한 것에 대한 실행의 주도권을 상대에게 넘겨주게 되죠.

겸손한 질문은 그래서 어렵습니다. 리더가 모든 일에서 자신의 통제권을 내려놓았을 때 가능하기 때문입니다. 그러니 이 질문은 성장을 바라보는 관점, 그리고 누군가의 성장을 돕겠다는 가치가 없으면 어렵습니다.

겸손한 질문을 만드는 방법에는 3가지가 있습니다

면접관이 해야 할 일은 간단합니다. 회사와 직무에서 필요로 하는 태도와 역량을 다시 한번 검토하고, 이를 확인할 수 있는 질문을 찾는 것이 첫 번째이고, 다음으로 지원자의 이력서를 읽으며 그 태도와 역량에 얼라인 되는 부분을 찾는 것이죠. 이 2가지 방법은 각각 하는 것이 아니라 상호 연결해야 합니다.

예를 들어, 회사에서 '피드백' 역량을 중요하게 여긴다면 이런 질문을 해 볼 수 있습니다.

"최근 업무상 가장 실패했던 경험은 무엇인가요? 그 상황을 어떻게 해결하게 되었나요?"

그런데 이 질문에 앞서 필요한 질문이 하나 더 있습니다. 바로 필요로 하는 역량에 대한 '정의'를 물어보는 질문입니다. "○○님은 피드백을 어떻게 정의하고 계신가요?"라는 질문입니다. 이 질문에 대한 답변을 듣고, 이어서 실제 어떤 피드백을 했었는지 그 사례를 물어보는 것이죠.

이처럼 다양한 질문을 준비해 두면 면접자가 현재와 미래에 우리 조직에서 성장하고 성과를 낼 수 있는 인원인지, 우리 문화와 잘 맞는 인원인지 판단할 수 있습니다.

그럼 지금부터는 탁월한 인재 선출을 위한 겸손한 질문을 만드는 방법 3가지를 알려드리겠습니다.

1. 정의와 행동

제가 가장 중요하게 여기는 질문법입니다. 자신의 직무에 대한 정의를 물어본 이후, 레벨을 높여서 재차 질문합니다. 그리고 그 답변에 대한 실제 사례를 물어보는 것이죠. 이 질문의 목적은 구성원이 '현재 과업을 어떻게 바라보고 있는지', '일의 의미를 찾을 수 있는지'를 알아보는 것입니다.

- ○○님은 HR(마케팅 등 지원 직무)이 어떤 역할을 하는 곳이라 생각하나요?
- 지금 이야기해 주신 정의에 따라 탁월한 HR은 어떤 행동을 하게 될까요?
- 혹시 ○○님에게 그런 사례가 있다면 조금 구체적으로 설명해 주시겠어요?

2. 탁월함에 대한 기준 확인

이 질문은 주변 동료들에 대한 이야기를 통해 자신의 행동을 파악할 수 있는 질문입니다.

• 주변에서 봤던 가장 탁월한 동료는 누구였나요?

그 동료를 가장 탁월하다고 생각하시는 이유는 무엇인가요?

• 그 동료를 레벨 10이라고 볼 때, ○○님은 스스로를 몇 레벨이라고 생각하시나요? 그 이유는 무엇인가요?

• 우리 회사에서 어느 레벨까지 성장할 수 있을 거라 생각하시나요?

그 방법은 무엇일까요? (본인이 노력할 부분, 회사와 리더가 지원해 줄 부분)

3. 시뮬레이션 질문 (문제를 해결하는 방법에 관한 질문)

실제 문제를 어떻게 해결할 수 있는지를 물어보는 질문입니다. 이때 금기어는 '그렇게 밖에 못해요?', '실력이 부족하네요'와 같이 평가에 관련된 단어입니다.

면접자의 대답에서 이해하기 어려운 부분만 다시 질문하면 됩니다. 굳이 면접자에게 시뮬레이션 질문에 대한 평가 결과를 하실 필요는 없습니다. 이때 팁을 하나 드린다면 화이트 보드를 사용하는 겁니다. 화이트 보드를 사용하면 구조를 조금 더 자세히 알 수 있기에 면접자와 면접관 모두에게 도움이 됩니다.

- ○○이라는 문제가 발행했습니다. 어떻게 해결하실 수 있을까요?
- 이 문제를 해결할 때 가장 중요하게 여기는 부분은 무엇인가요?
  가장 유의해야 할 부분은 무엇인가요?
- 이 문제를 해결할 때 필요한 리소스를 모두 이야기해 주세요.

다시 한번 강조하지만, 면접관에게 면접은 현재 필요한 인재가 아닌, 미래의 인재를 찾는 과정입니다. 그리고 면접관이 우리 회사를 대표하는 모델이라는 것을 꼭 기억해야 합니다. 면접자들은 면접관의 질문 수준, 대화 태도 등을 통해 회사를 평가하기 때문입니다.

면접자 입장에서도 면접은 나의 성장과 성공을 이룰 수 있는 조직과 사람을 찾는 시간입니다. 회사의 네이밍도 중요하지만 내가 기여할 수 있는 조직인지, 나의 성장을 위한 기회를 얻을 수 있는 조직인지도 곰곰이 생각해 보셨으면 좋겠습니다.

준비사항

1. **면접관은 면접 대기 시간 30분 전부터 준비**
   ① 면접 대기 시간이 9시라면 8:30분에는 면접 장소에 오셔서 면접을 위한 준비와 마인드 셋을 관리합니다. (tip. 면접 시간과 대기 시간은 다릅니다)
   ② 면접 규정에 맞는 복장을 착용합니다.
   예) 캐주얼해도 되지만 노출이 심한 옷은 지양합니다. 회사의 이미지를 보여줄 수 있는 코디 지향.
   ③ 면접장에 생수, 음료 등을 준비해 주세요.
   (tip. 대기 중에 커피를 준비해 드리는 것도 편안함을 주는 방법 중 하나입니다)

2. **자료 준비 : 이력서/포트폴리오, 컬쳐핏 면접 피드백을 면접 전 필수로 숙지합니다.**
   ① **이력서** : 미리 전달된 이력서와 포트폴리오 열람
   ② **면접질문 준비** : 채용팀에서 셋팅한 필수 질문 + 이력서를 통해 좀 더 확인하고 싶은 질문 준비

3. **면접 시작 시 순서(채용팀)**

   > **시작 멘트**

   ① **인사 및 본인 소개**
   "회사와 직무에 지원해 주셔서 감사합니다. 저는 ○○○를 맡고 있는 ○○○입니다. 면접은 가능한 편안한 마음으로 진행될 수 있도록 하려고 합니다. 불편하신 점이 있다면 편하게 말씀해 주세요. 편하게 물을 드시면서 하셔도 되고, 나 혼자 면접을 보는 것이 아니라 옆에 다른 동료 분들과 함께라는 점을 기억해 주시면 감사하겠습니다."
   ② **진행 방식 안내 및 양해**
   "먼저 면접관님들께서 몇가지 질문을 드린 후에 여러분들께서 궁금해하시는 부분에 대해서도 Q&A 시간을 가질 예정입니다."
   "질문을 받으시고 조금 생각이 필요하실 경우에는 편하게 생각하시거나 메모, 보드판 등을 사용하셔도 됩니다."

   > **마무리 멘트**

   ③ **면접 마무리 멘트**
   "금일 소중한 시간 내어 주시고, 저희 회사에 관심 가져 주셔서 감사드리며, 면접 과정에서 혹시나 불편하셨던 질문이나 태도가 있었다면 양해 부탁드립니다. 불편하게 해드리려고 한 부분이 아닌, 좀 더 알고 싶은 마음이 앞섰을 수도 있을 것 같아서요.
   면접 결과는 ○○일 이내에 채용팀을 통해서 연락드릴 예정입니다. 혹시 추가로 하시고 싶은 말씀이나, 궁금하신 부분이 있을까요?"

[면접의 Do & Don't]

Do list

1. 긍정적 호기심을 가지고 상대의 말에 경청하며, 특징을 파악합니다.
   tip. 면접관이 나에 대해 호기심을 갖게 되면, 면접자도 자신의 생각을 조금 더 이야기하게 됩니다.

2. 면접자의 말을 끊지 않고, 끝까지 들어주세요.
   tip. 대화가 중간에 조금 끊기는 느낌이 들더라도, 편하게 이야기가 다 끝날 때까지 기다려 주세요.

3. 대화의 속도는 면접자에게 맞춰주세요.
   tip. 내향형은 생각하는 시간이 필요하고, 글을 쓰거나 메모하면서 말하는 것을 편하게 여깁니다.

4. 면접 시작 전 "지원/참석해 주셔서 감사드립니다" 언급 후 편하게 메모, 물 섭취 등을 하실 수 있도록 안내합니다.

5. 면접 도중 질문을 한 면접관은 답변하는 면접자를 바라보며 경청하는 모습을 보여야 합니다.
   tip. 고객을 끄덕이거나, 편안하고 옅은 미소를 지어 주셔도 되고, 시선을 놓치지 않는 선에서 간단한 메모를 하는 것도 좋습니다.

6. 면접이 끝나면 "면접 결과는 ○○일 안으로 채용팀에서 연락드릴 예정입니다. 시간 내주셔서 감사합니다"라는 멘트와 함께 "다같이 감사합니다로 인사" 하며 마무리합니다.
   인사 후 면접관 또는 외부 안내 직원 중 한 분이 엘리베이터까지 안내해 드립니다.

Don't list
나의 경험을 통한 판단으로 그의 말과 행동을 평가한다

1. **복잡한 질문** : 하나의 질문에 여러 가지의 질문이 포함되어 있는 유형
   당신은 얼마나 유능하고 정직하다고 생각하나요?
   유도 질문 : 특정 응답을 정해 놓고, 유도하는 질문
   저는 좋은 생각(반대 생각)인데 어떻게 생각하세요?

2. **경청하지 않는 태도**
   ① 질문한 면접관이 경청하지 않고, 다음 질문을 준비하는 태도
   ② 표정에서 '싫다' '틀렸다' '삭막하다' '관심이 없다'라는 인식을 보여주는 표정

3. **개인 신상 질문** : 외모, 종교, 정치, 성차별, 개인인권 침해, 출신 학교, 가족 상황 등
   ① 개인 신상(출신 지역, 혼인/임신 여부, 가족관계, 병역 면제 사유 등)과 신체 사항(신장, 체중, 혈액형, 과거 질병 등)
   ② 종교/정치적 이유 때문에 업무 중 지키지 않으면 안되는 사항이 있나요?
   어느 정당 지지하세요? 누구 투표하셨어요?
   이번 선거에는 누가 될 것 같아요? 부동산 정책에 대해 어떻게 생각하시나요?
   ③ (사는 곳이 먼데) 오시는 데 얼마나 걸리셨어요? 괜찮으세요? (tip. 괜찮으니 지원하신 겁니다)
   ④ 가족 사항(학력, 출신 학교, 동거 여부 등) 부모님은 뭐하세요? 사시는 곳은 전세예요? 자택이에요?
   ⑤ 외모, 성별 관련 질문 : 예쁘세요. 잘 생기셨어요. ○○에 대해 남자 또는 여자 입장에서 어떻게 생각하시나요?
   ＊ 직무 관련성이 있는 자격증, 사회 활동은 질문 가능

4. **비윤리적인 질문** : 정직, 보안, 윤리, 공정
   ① 지금/이전 회사에서 현재 가장 밀고 있는 예산, 전략, 상품, 서비스는 무엇인가요?
   (tip. "공유해 주실 수 있는 선에서만 대답해 주시면 됩니다.")
   ② 지금/이전 직장에서 꼭 데려오고 싶은 사람은 누구인가요? 어떤 조건을 제시하면 데려올 수 있을까요?

5. **면접 결과를 예측할 수 있는 '평가와 판단'을 하는 말을 하지 않습니다.**
   "와~ 우리 회사에 꼭 필요한 분인데요?"
   "전에도 비슷한 분이 입사하셨었는데, 금방 퇴사하시더라고요."

면접관의 말과 행동은
회사를 대표하는 브랜딩이 됩니다

저는 2004년 입사한 이후로 지금까지 꾸준하게 면접관의 역할을 해왔습니다. 또한 HR 리드의 역할도 담당했기에 전문가 입장에서 면접에 관련해 몇 가지 관점을 추가로 전해 드리겠습니다.

면접은 '회사의 미래를 이끌 인재를 채용하는 목표'와 함께 '나의 성장과 성공의 기회를 줄 수 있는 회사를 찾는 목표', 이 두 가지의 목표를 가진 쌍방향의 대화입니다. 그래서 갑과 을이 아닌, 동등한 입장에서 서로를 판단하는 시간이 되어야 하죠.

이때 면접관이 가져야 할 가장 중요한 관점은 '회사 대표'라는 마인드입니다. 면접자는 면접 과정에서 채용팀과 면접관, 이 두 부류만 만나게 됩니다. 그리고 부분 최적화를 하게 되죠. 바로 내가 만난 채용팀과 면접관을 통해서 '회사를 규정해 버리는 것'입니다. 이 두 부류로부터 긍정적인 경험을 하게 된다면 회사의 브랜딩이 좋아지고, 부정적인 경험을 하게 되면 회사 이미지는 오랫동안 나쁘게 각인됩니다.

그리고 이러한 긍정이나 부정적인 경험은 자신의 SNS와 동료 취준생, 가족들에게 공유가 됩니다. 제품과 서비스가 아닌, 사람을 통해서 회사가 브랜딩 되는 것이죠.

그러다 보니 면접관들은 면접을 준비하는 시간부터 종료되는 순간까지 자신의 말과 행동에 신경을 써야만 합니다. 매일 만나는 동료가 아닌, 단 한 번의 만남으로 회사가 브랜딩 되기 때문입니다.

면접에는 자주 접하는 돌발 상황이 있습니다. 그리고 이 돌발 상황에서 많은 면접관이 작은 실수를 범하며 면접자들에게 부정적인 경험을 제공하게 하죠.

돌발 상황조차도 플랜B로 준비해 놓는 것이 필요한 이유입니다.

첫 번째 돌발 상황은 면접자의 '엉뚱한 질문'입니다

"마지막으로 질문이 있으시면 편하게 하셔도 됩니다."라는 멘트에 일부 면접자들은 자신의 고민이나 궁금증을 전합니다. "면접관님은 신입 면접 때 어떤 답변을 주셨나요?"처럼 개인적인 질문을 하는 경우도 있고, "회사의 다음 비전은 무엇인가요?"와 같이 회사의 큰 방향성을 묻는 질문도 있습니다. "그럼 면접관님은 개인적으로 저를 합격시키실건 가요?"와 같이 면접이 끝나지 않은 상황에서 면접관의 개인적 평가를 요청하는 경우도 있죠. 이처럼 정말 다양한 상황에 처할 수 있는데요.

이때 면접관이 할 수 있는 답변은 하나입니다.

"질문 감사합니다. 그런데 주신 질문에 대해 제가 이 자리에서 대표로 이야기 드리기는 어려울 것 같습니다. 채용팀을 통해서 ○○님 메일로 회신을 드릴 수 있도록 요청드리겠습니다. 질문을 주셨는데 바로 답변을 드리지 못해 죄송합니다."

이같이 즉답하지 않고, 평가와 판단을 하는 단어와 문장을 사용하지 않으면서 면접자에게 최대한의 예의를 차리는 것이죠. 면접의 핵심은 하나의 소통 채널로 연결되도록 하는 것임을 잊지 마시기 바랍니다.

두 번째 돌발 상황은 '감정적 동요'입니다

면접을 하다 보면 자신도 모르게 울기도 하고, 화를 내는 경우도 종종 있습니다. 이때 그 행동을 즉각적으로 제지하기보다는 손수건이나 휴지, 물 등을 전하면서 감정이 잦아들기를 기다리는 것이 좋습니다. 잠시 후 감정적인 동요가 잔잔해진다면 "이어서 면접을 진행해도 될까요?"라고 질문을 던지고 시작하는 것이 좋습니다.

그런데 감정적 동요가 지속된다면 "감정이 조금 안정되면 그때 면접을 보는 것이 어떠실까요? 함께 면접을 보는 분들도 편안하게 면접에 임하시는 것이 좋을 것 같아서요. 괜찮으시다면 평가에 반영되지 않도록 면접 시간을 뒤로 미뤄 드릴 수 있을 것 같습니다."라고 제안을 하는 것이죠.

이때의 핵심은 감정적인 면접자가 아닌, 함께 면접을 보는 동료 면접자들을 위함입니다. 이들이 두려워하거나, 불편해하면 향후 평가에 반발할 수도 있기 때문입니다.

이런 행동들을 면접관이 해야하는 이유는 간단합니다. 이 모습 자체가 회사가 구성원을 바라보는 관점이 되기 때문입니다. 면접자는 내 앞에 있는 한 명의 면접관을 보고 회사를 평가합니다. 이 회사가 직원들에게 어떤 대우를 하는 회사인지, 이 회사의 리더는 어떤 리더인지에 대해서 말입니다.

면접은 어렵습니다. 현재 직무를 할 수 있는 인재, 미래 성장 가능성이 있는 인재, 회사의 컬쳐핏에 적합한 인재를 찾는 중요하고도 짧은 시간이기 때문이죠. 하지만 면접을 통해서 리더는 사람을 관찰하고 파악하는 힘을 기를 수 있습니다. 면접에서 확인했던 부분을 실제 현장에서 검토해 볼 수도 있죠. 그래서 면접을 다양한 리더들과 함께해 보시는 것을 추천드립니다. 이때 다른 리더들이 인재를 바라보는 관점을 배울 수 있게 됩니다.

9장

팀원을 움직이게 만드는
아홉 번째 기회

비공식 리더를
적극적으로 양성하세요

"리더로 성장해야 하는 시니어 팀원에게 이 과업을 새롭게 맡은 주니어 팀원을 매칭해서 둘이서 함께 일하도록 했습니다. 그런데 둘 다 힘들어 하네요."

하루 종일 4~5명의 리더들과 그룹 코칭을 하던 때였습니다. 하루에 3개 클래스의 그룹 코칭을 진행하고 있었는데, 그룹 코칭에서 공통적인 고민이 나왔습니다.

조직이 커지고, 새로운 구성원들이 많아지면서 리더가 자신의 역할 중 일부를 팀원에게 분배한 상황이었습니다. 팀원 중에 시니어를 멘토로, 신입 멤버를 멘티로 엮어서 온보딩 하는 리더, 다음 팀장 후보인 시니어와 그 과업을 처음 시작하게 된 주니어를 사수와 부사수로 매칭해 준 리더, 그리고 회사에서 공식적으로 사용하는 직책은 아니지만, 파트 리더라는 직무 전문가를 팀 내에서 운영하기 시작한 리더들의 공통적인 고민이었습니다. 바로 멘토, 사수 그리고 파트 리더라 불리는 '비공식 리더'들의 활동이 기대만큼 크지 않아 일을 잘하던 그들도 힘들어하고, 그들과 매칭된 팀원들도 불만이 쌓여만 가고 있었던 것이죠. 명확한 팀 문화가 없을 때 이런 이슈가 자주 발생하곤 합니다.

먼저 '비공식 리더'에 대해서 정의를 해 보겠습니다.

'비공식 리더'란 **조직에서 자기 과업 이상으로 동료의 성장과 성과까지 책임지지만, 권한과 보상은 없는 리더**라고 정의할 수 있습니다. 위의 사례에서처럼 멘토와 멘티, 사수 그리고 일부 조직은 파트장이라는 타이틀이 비공식 리더입니다.

그런데 권한과 책임을 가진 직책자(팀장, 본부장, C 레벨 등)인 리더와 달리 자신이 해야 할 본연의 역할 외에 새로운 역할과 책임은 있지만, 권한은 없는 비공식 리더를 왜 선임할까요? 그리고 팀장에게 비공식 리더는 왜 필요할까요?

비공식 리더의 장점은 그다지 내세울 것이 없습니다. 하지만, 성장과 성공 또는 영향력에 관심 있는 사람들에게는 매혹적인 부분입니다.

그 매력적인 부분은 다음과 같습니다.

1. 팀장, 상위 리더와 더 친밀한 관계, 소통의 원활함을 가질 수 있다.

   즉, 리더에게 내 의견을 좀 더 자유롭게 이야기할 수 있다.
2. 좋아하는 영역에서의 비공식 리더를 맡게 되면 성장에 더 몰입하는 동기를 갖게 된다.
3. 본연의 과업 이외에 추가로 맡게 되는 과업을 통해 조직 내 영향력을 인정받을 수 있다.

반대로 비공식 리더의 단점도 많습니다.

1. 자신의 과업이 줄지 않은 상태에서 비공식 과업까지 맡게 되어 에너지를 소비하게 된다.
2. 비공식 리더가 된 A급 인재들이 높은 성과를 만들어 내지 못해 스트레스와 함께 번아웃을 경험할 수 있다.
3. 비공식 리더를 인정하지 않는 많은 동료로부터 비난을 받게 된다.
4. 자신을 도와주지 않는 리더로 인해 사람을 멀리하기 시작한다.

이처럼 비공식 리더의 많은 단점에도 불구하고 왜 비공식 리더를 만드는 것이 좋을까요? 그 이유는 앞서 이야기한대로 비공식 리더의 경험들이 그들의 성장에 큰 영향을 주기 때문입니다.

저 또한 그랬습니다. 지금부터는 제 경험을 이야기해 보겠습니다. '이랜드'라는 기업에서 제가 가졌던 비공식 리더의 역할은 '조직문화 팀장', '문화 프로젝트 PM', '디자인 협업 프로젝트 PM', 'HR 스터디 리더', '그룹 체육대회 PM' 등이었습니다. 그리고 심지어 5년 간의 부회장 비서실장 과업을 끝내고 추가로 2년을 더 '비공식 비서실장' 과업을 겸직했습니다. 그것도 법인 5개를 책임지는 인사실장의 직책을 수행하면서 말입니다.

비공식 리더의 역할을 수행하는 것은 정말 쉽지 않습니다. 내 과업이 끝난 뒤에도 주말까지 할애하며, 비공식 리더의 역할을 위한 추가 과업을 해야 하기 때문이죠. 하지만 그런 시간은 저에게 소중한 경험을 전해주었습니다.

1. 사람

나와 비슷한 가치관을 가진 동료들을 알게 되었고, 그들과 함께 일하면서 힘든 과업도 즐거울 수 있다는 것을 느끼게 되었습니다. 또 이 과정에서 자주 소통하던 경영진과 친해지고, 자신을 브랜딩하는 효과를 얻을 수 있었죠. 이때 주요 과업, 보직의 기회가 주어졌을 때 제가 최연소로 발탁될 수 있었던 이유는 경영진의 기억 속에 '백종화'가 단단히 심어져 있었기 때문입니다.

2. 경험

내 연차와 경력에서는 경험할 수 없는 다양한 과업과 사람들을 접하게 되었습니다. 그런데 그만큼 힘들다는 것과 나를 위해 사용할 수 있는 시간이 현저히 부족하다는 것은 각오해야만 합니다. 짧은 시간에 압축해서 성장하고 싶다면 이렇게 경험을 늘리는 비공식 리더의 역할을 맡아보시길 추천합니다.

3. 영향력

신입사원 때도, 3~5년 차일 때도 언제나 제가 하는 말은 동기들보다 더 힘이 실렸습니다. 다양한 비공식 리더 활동을 통해 나를 브랜딩 할 수 있었기 때문입니다. 하고 싶은 일이 있다면, 내 연차와 경력보다 말의 힘과 영향력을 키우고 싶다면 비공식 리더 경험이 큰 도움이 됩니다.

공식적이든, 비공식적이든 직책이 있고 없고에 상관없이 역할에 따른 권한과 책임은 정의되어야 합니다. 이 관점에서 비공식 리더가되는 A급 인재들이 '성과와 성장'이라는 두 가지를 모두 얻기 위해 필요한 몇 가지 항목을 정리해 봤습니다. 팀장이 팀 내에서 비공식 리더를 선임할 때 아래 5가지 기준을 고민해 보시길 추천드립니다.

1. 본인이 동의하고, 좋아하는 영역의 역할인가?
2. 그 역할을 수행하면서 더 성장할 기회가 주어지는가?
3. 비공식 리더의 역할을 위해 팀장의 역할을 조금 덜어낼 수 있는가?
4. 비공식 리더의 역할을 수행하기 위한 권한과 책임, 보상, 인정/칭찬과 피드백의 기준이 정리되어 있는가?
5. 팀장, 상사와 친밀한 관계를 유지하며 소통할 수 있는가?

이 중에서 가장 중요한 것은 바로 'R&R^{Role and Responsibility}'입니다. 비공식 리더를 맡게 된 구성원에게 명확한 '역할과 권한'을 정해줘야 합니다. 또 비공식 리더와 함께 일하는 구성원들에게도 비공식 리더에 대해 명확한 가이드를 줘야 하죠.

그래서 저는 리더가 비공식 리더로 선임된 이후 구성원들을 모아 아래의 이야기를 명확하게 전달해야 한다고 말합니다.

1. 비공식 리더의 선임 배경
2. 비공식 리더의 역할(피드백, 평가, 과업 의사 결정, 소통, 정보공유 등)
3. 구성원에게 주는 영향(비공식 리더의 피드백, 스케줄 및 과업에 대한 합의, 1차 평가 권한, 정보 공유 등)

리더가 되기 전 비공식 리더를 경험하게 되면 상당히 많은 학습과 시행착오를 경험할 수 있습니다. 그리고 내 과업 이외의 경험들로 인해 관점의 확장을 할 수 있죠. 그 경험들은 모두 나의 지식과 스킬이 됩니다. 그리고 한 명의 탁월한 비공식 리더는 리더에게 가장 강력한 힘이 될 수 있는 존재가 되죠. 리더의 마음을 이해하는 팀원이기 때문입니다. 팀장의 성공뿐만이 아니라 팀 내 구성원의 성장을 위해 비공식 리더를 양성해 보는 것을 적극 추천합니다.

고성과 문화가 나쁘다는
편견을 버리세요

리더가 꼭 챙겨야 하는 것이 있습니다. 이 책을 쓴 이유도 바로 이것 때문입니다. 바로 '조직과 개인의 성과와 성장'에 관심을 갖는 것입니다. 그런데 성장이라는 단어 때문에 오해도 많이 받곤 합니다.

하나의 편견을 제시해 보겠습니다. '고성과 문화'는 나쁜 걸까요? 이 질문에 대한 제 답변은 '절대 아닙니다'입니다. 조직은 지속해서 성장해야 합니다. 그래야 구성원들의 삶을 유지할 수 있는 더 나은 보상을 할 수 있고, 구성원들에게 성장의 기회를 제공할 수 있죠. 하지만, 많은 사람에게 고성과 조직은 '일만 죽도록 시키는 나쁜 문화'로 인식되어 버린 것이 요즘의 현실입니다.

저는 조직의 기본 문화는 '고성과'로부터 시작된다고 생각합니다. 당연히 조직에는 이루어야 할 '공동의 목표'가 있고, 그 목표를 이루어야 구성원들에게 성과를 돌려줄 수 있기 때문이죠. 이 관점에서

'고성과 문화'에 대한 오해와 '하위문화'라는 관점을 공유해 보도록 하겠습니다.

고성과 문화에 대한 오해

'고성과 문화를 지향한다'라는 말에 우선 떠오르는 2가지 오해가 있습니다. 이 오해 때문에 많은 리더의 행동에 족쇄가 생기게 되었죠.

1. 수직 문화와 위계적인 문화
2. 야근과 철야, 주말 출근까지 반복해야 하는 문화

이 2가지 오해 때문에 조직에서는 고성과 문화를 지향하기가 어려워집니다. 팀장도 고성과 문화를 주장하기 곤란해하며 성과위주가 아닌 편안하고 분위기 좋은 팀을 추구하게 되죠. 그런데 '고성과 문화가 나쁜 것인가?'라는 관점에서 다시 한번 생각해 보는 시간이 필요합니다.

조직은 저마다의 목적을 가지고 있습니다. 공공 기관이 있는 이유는 '복지와 편의'입니다. NGO의 경우는 '사회의 취약한 부분을 채워주는 역할'을 하죠.

그렇다면 기업은 어떨까요? 기업의 목적은 간단합니다. '고객 만족, 시장 경쟁력, 기술력과 전문성 제고' 등이 기업이 지향하는 목적이 됩니다. 이 과정에서 탁월함을 만들어 낼 수 있는 조직에 '매출과 이익'이라는 결과가 맺어지게 됩니다.

고성과 문화는 매출과 이익이라는 결과물에 집착하는 것이 아닌, 각각의 조직이 가진 목적을 지향하는 문화입니다. 그런데 이를 오해하도록 만드는 문화가 있습니다. 바로 '복지 문화'이죠.

'성과 문화'는 조직의 목표에 얼라인 되는 방식으로 시간과 에너지를 투자하는 것입니다. 이와는 다르게 '복지 문화'는 '삶을 편안하게 하는 문화'를 말합니다. 조직문화 전문가이신 국민대 김성준 교수님은 '인간다운 삶을 영위하도록 하는 문화'라는 관점을 사용하며 편안한 문화를 설명합니다. 이것들 중 삶을 편안하게 하는 문화만을 노출하다 보니 어느 순간 '좋은 회사 = 가고 싶은 회사 = 복지가 좋은 회사'라는 이미지를 얻게 됩니다.

그런데 구성원들에게 좋은 복지를 주는 회사의 특징은 어떤가요? 간단합니다. 구성원들의 인당 생산성이 높은 회사들뿐입니다. 인당 생산성은 매출이나 이익 등으로 측정할 수 있습니다. 인당 생산성이 1억이라면 직원 1인이 벌어오는 매출 또는 이익이 1억이라는 것이죠. 인당 생산성이 높은 기업은 그중 일부를 기업의 다음 성장을 위한 전략에 투자하고, 일부는 직원과 투자자에게 환원합니다.

다시 말해 고성과 문화와 복지 문화는 서로 떨어져 있는 것이 아닌, 함께 붙어 다닐 수밖에 없는 문화라는 것입니다. 만약 조직에서 복지 문화를 원한다면 이를 제공할 수 있는 고성과 문화가 뒷받침되어야 합니다.

조직문화를 망가트리는 3가지

최고의 성과를 만들어 내는 조직이 어느 순간 성과, 성장 그리고 경쟁과 기술에서 밀리는 경우를 자주 봅니다. 그 과정에서 실패의 원인을 최고 경영자의 리더십에서 찾으려고 하죠. 요즘 시대, 특히 우리나라에서 실패하는 문화가 만들어지는 원인을 리더십에서만 찾게 되는 이유는 '가장 쉽게 책임을 묻고, 전가할 수 있기 때문'입니다. 그런데 요즘 시대가 그렇게 1차원적인 시대는 아니더라고요.

'성과'를 중요하게 여기는 문화와 '성장'을 중요하게 여기는 문화는 한 끗 차이로 서로 연결되기도 합니다. 현재의 성과만을 중시하게 되면 성장을 놓칠 수밖에 없지만, 미래의 성과를 중시하게 되면 성장을 포기하지 못하거든요. 그런데 우리는 성장을 바라보지 않고 현재의 성과만을 바라보는 시대를 살고 있습니다. 과정이 아닌, 결과만을 바라보는 것이죠.

지금 중요한 것은 '성과와 성장'을 동시에 바라보는 것입니다. 이를 위해 '결과와 학습'을 고민해야 하고, 지금과는 다른 지식과 스킬, 일하는 방식이나 툴의 변화를 연습해야 합니다.

그런데 이를 방해하는 3가지가 있습니다. 그리고 리더가 최고의 팀을 만들기 위해서 고민해야 할 부분도 이 3가지가 되죠.

1. 현재의 성과만을 중시하며 미래의 성장을 놓치고 있는 리더
2. 더 잘하기 위해 노력하지 않고 편안함에 안주하는 구성원
3. 질이 아닌 양 중심, 지식이 아닌 시간에만 초점을 맞춘 근로기준법과 제도

우리는 리더십으로 문제를 해결할 수 없는 시대를 살고 있습니다. 리더가 미래를 위해 더 나은 전략을 수립해도, 귀찮고 힘든 일을 반대하는 구성원과 기득권을 놓치지 않으려는 노조, 정치 세력들이 주변에 널려 있기 때문이죠. 반대로 성과와 성장을 추구하는 구성원과 제도가 있어도 자신의 기득권을 놓치지 않으려는 리더가 장애물이 되기도 합니다.

우리가 살아가는 요즘 시대는 성과와 성장을 모두 바라보는 시각이 필요합니다. 조직도, 개인도 안정을 위해 현상을 유지하는 것이 아니라 보다 큰 미래를 바라보며 더 나음을 추구해야 하는 시대입니다. 그러니 리더와 구성원 그리고 제도가 같은 방향을 바라봐야 합니다.

고성과 문화에 필요한 행동은
이것입니다

지금부터는 '고성과 문화'를 고민하면서 찾게 된 4가지 구체적인 행동과 하위문화를 정리해 보겠습니다.

1. 조직의 목표에 얼라인

성과는 조직의 목표에 기여하는 것입니다. 그리고 '고성과'는 조직의 목표가 기대보다 큰 것입니다. 이때 핵심은 하고 싶은 일을 하는 것이 아니라 조직의 목표에 얼라인 된 '해야만 하는 일을 하는 것'입니다. 이를 위해 가장 중요한 것은 조직의 목표와 내 목표를 얼라인 하는 것입니다. 즉, 내가 하고 있는 일이 조직의 목표에 어떤 기여를 하고, 영향을 줄 수 있는지를 스스로 설명하고 구성원들을 납득할 수 있어야 하죠. 그래서 고성과 문화를 가진 기업은 'WHY' 문화에 익숙합니다. 'WHY' 문화는 '왜 그 일을 해야 하고, 하려고 하는

지'에 대해 끊임없이 고민하고 동료를 설득하는 문화입니다. 과업을 구체적으로 지시받는 부분도 있지만, 상당 부분은 스스로 조직의 목표에 기여할 수 있는 과업을 찾아내는 문화입니다.

2. 수평적 문화

'수평적 문화'는 직급과 직책을 떠나 자신의 의견을 눈치 보지 않고 제안할 수 있는 심리적 안전감이 있고, 나와는 다른 의견을 끝까지 듣는 경청의 분위기가 자리 잡혀 있습니다. 또 서로가 가진 정보와 지식을 공유하고, 조직의 목표에 가장 적합한 의사 결정을 하는 문화를 말합니다. 신입사원의 의견과 20년 차 고참의 의견이 모두 동일 선상에서 존중받아야 합니다. 단, 목적은 '어떤 의견이 조직의 목표에 가장 기여하는가?'가 될 뿐입니다.

3. 학습(조직) 문화

내 의견이 조직의 목표에 가장 많은 기여를 하기 위해서는 어떻게 해야 할까요? 수평적 문화에서는 직급과 직책을 떠나 가장 뛰어난 의견과 실력이 존중받게 됩니다. 이를 위해서 스스로의 성장을 도모할 수밖에는 없죠. 그러니 자연스럽게 자신의 전문성을 키우는 학습 문화가 따라오게 됩니다.

4. 실행과 피드백 문화

동의하지 않더라도 정해진 결정에 맞춰 실행하고, 실행 후 빠른 피드백을 반복해 의사 결정이 올바른지, 더 나은 결정은 없는지를 찾는 문화입니다. 이 두 가지가 1~3의 행동들을 보조해 주는 역할을 하게 되죠. 완벽함이 아닌, 더 나음을 찾아가는 조직문화가 되는 것입니다.

고성과를 위한 시끄러운 팀 만들기

첫 직장에서부터 지금까지 코칭과 강의를 하기 위해 여러 회사를 방문하고 있습니다. 그런데 방문할 때마다 독특하게 느끼는 점이 있습니다. 바로 회사의 라운지 분위기입니다. 어느 회사는 너무 조용하고, 어느 회사는 두세 명이 시끄럽게 모여 대화를 하고 있습니다. 매번 방문할 때마다 상반되는 모습을 보이는 이 기업들의 특징이 무엇일까요? 조용한 A 조직은 언제나 '현재 성과'를 고민하고 있고, 시끄러운 B 조직은 성과를 넘어선 '미래 성장'을 고민하고 있다는 것입니다.

조용한 회사는 구성원들 간의 대화가 거의 없습니다. 차분히 혼자서 일하고, 자료도 메일과 톡으로 공유하고, 가끔 모이는 회의에서도 리더 중심으로 대화를 합니다. 그런데 시끄러운 회사는 부서원 모두가 모여서 커피를 마시며 왁자지껄 대화합니다. 임원과 구성원 모두가 자신이 만난 외부 사람들의 이야기, 전 직장 경력, 자신이 최근에 공부하고 있는 툴과 스킬을 이야기하고 있습니다. 같은 자리에 임원이 있다고 부담스러워하거나 꺼리는 모습이 아닌, 늘상 있었던 모습처럼 자연스럽게 웃고 떠들며 각자의 이야기를 하고, 서로 스스럼없이 질문합니다. 원온원도 자연스럽게 여기저기에서 진행되는 모습을 보게 됩니다.

이런 모습이 나오는 이유는 이들이 '자신의 생각을 편하게 이야기하기 때문'입니다. 그리고 이렇게 서로의 생각과 고민을 자유롭게 공유하는 시끄러운 조직이 개인의 지식이 아닌, 조직과 동료의 지식으로 시너지 효과를 내서 더 나은 성과를 보이는 조직이 됩니다.

우리 팀은 어떤가요? 출근할 때 시끄럽게 인사해 주는 동료가 있나요? 회의 시간이나 점심시간, 커피를 마시는 시간에 업무 고민과 지식 자랑을 자연스럽게 하고 있나요? 동료의 도전과 성공을 축하하는 시간이 있나요? 시끄러운 팀은 뒷담화와 드라마, 주식과 축구 이야기가 아닌 서로의 성장과 성공을 공유합니다.

일하는 방식은
자동이체가 되어야 합니다

힘겹게 만들어 낸 조직문화가 망가지는 가장 큰 이유는 '액자 속에 고이 간직해 두기' 때문입니다. 조직문화를 만들어 낸 CEO도 지키지 않고, 구성원들도 그 문화를 잊어버립니다. 조직문화가 작동되기 위해서는 그 문화가 조직의 의사 결정과 구성원들의 실행 기준이 되어야 합니다. 이때 고려해 볼 수 있는 단어가 '비즈니스 스탠딩 오더Business Standing order', 즉 '비즈니스 자동이체'입니다.

'스탠딩 오더Standing order'는 사전적으로 '자동이체' 또는 '상비명령(군대에서 영구성을 지닌 명령, 변경 전까지 유효한 명령)'이라는 의미를 담고 있습니다. '하지마'라고 하기 전까지 모두가 반복해야 하는 행동이 바로 스탠딩 오더이죠.

그렇다면 비즈니스에서는 어떨까요? 조직에서 꼭 지켜야 하는 자동이체 같은 오더는 무엇이 있을까요? 저는 '조직문화'와 '인재상'이 가장 대표적이라고 생각합니다. 조직문화와 인재상은 조직에서 꼭 지켜져야 하는 기준이자 원칙이죠. 그런데 제대로 지켜지지 않는 기준이자 원칙이 되기도 합니다.

그 이유는 구성원들이 기억하지 못하기 때문이고, 오더를 내린 리더들도 관심을 버렸기 때문입니다. 스탠딩 오더를 만들어 내고, 구성원들에게 선포했지만, 그저 저 깊은 기억 속에만 묻어둔 채 평가와 채용 시에만 꺼내서 사용할 뿐입니다.

제게 있어 비즈니스 스탠딩 오더는 '피드백과 글쓰기 그리고 독서'가 있습니다. 특별한 추가 오더가 없으면 지속해야 하는 것들이죠. 구체적으로 말씀드리면 다음과 같습니다.

- 반년 단위로 시간 사용의 피드백, SNS를 가족에게 공유하기
- 매일 글쓰기와 매주 뉴스레터 발행하기
- 매달 2권의 책 읽고 정리하기

가정에서의 스탠딩 오더도 있습니다.

- 매주 3~4번 가족과 커피챗 하기
- 일요일 저녁 10시 가족회의 하기
- 예배와 포도원 모임 참석하기

이것이 제가 반드시 지켜야 할 스탠딩 오더입니다. 하나는 제 업무에서의 고성과를 위한 행동들이고, 다른 하나는 고성과로 인해 나타날 약점(가정에 소홀히 하는)을 보완하는 행동들이죠.

팀에서의 비즈니스 스탠딩 오더는 간단합니다. 팀장이나 회사가 하라고 하지 않아도 모든 팀원이 자동적으로 하고 있는 모든 행동이 이에 해당하죠.

어떤 팀은 모든 구성원이 과업을 새롭게 맡았을 때 스스로 정리하는 시간을 갖고 리더와 무조건 토론하는 문화가 있습니다. 이때 주제는 '맥락', '기대하는 결과물', '예상되는 어려움과 도움'입니다. 팀장이 하라고 하지 않아도 과업을 맡은 구성원들은 자동적으로 이 3가지를 정리하고 리더와 합의하는 대화를 나눕니다. 이는 '과업 정의에 대한 자동이체'의 예시이죠.

피드백도 있습니다. 팀의 모든 구성원이 1월 1일 이전과는 다른 도전적인 목표 수립을 하고, 3월 마지막 주 개인의 중간 성과 피드백을 하고, 이 피드백을 4월 첫째 주 리더와 원온원을 자동적으로 하고 있다면 이 또한 스탠딩 오더가 되는 것이죠. 이렇게 매번 정해진 일정에 맞춰서 HR이나 개인 피드백을 하고, 리더와 원온원 미팅을 합니다.

회사에서 피드백을 하라고 하기 전까지 미루고 있다면 이는 스탠딩 오더라고 말하기 어렵습니다. 스탠딩 오더의 기준은 '모든 구성원이 스스로의 동기로 반복하고 있는 행동'이기 때문입니다. 그래서 저는 자동이체가 아닌 것은 누군가가 '피드백하세요'라고 말하는 강제적인 것이라고 말합니다.

다음은 프로젝트성 과업을 수행하는 팀의 이야기입니다.

회사는 대팀제(팀 구성원이 30~80명)로 운영되고 있고, 프로젝트가 수주되면 팀장인 PM이 팀을 조직화(3~10명)해서 일하는 구조입니다. 지금까지 만난 최다 프로젝트 운영 PM은 30개를 한꺼번에 운영하고 있었고, 대부분의 PM은 3~5개 정도의 프로젝트를 운영하고 있었습니다. 이 부분이 가능한 이유가 시즌에 따라 1~3개의 프로젝트를 운영하고 다른 프로젝트는 잠시 쉬는 구조였기 때문입니다.

그런데 문제는 팀원이 계속 바뀐다는 것이었습니다. PM은 그대로이지만 시간과 역량이 맞는 팀원들을 찾아서 그들에게 프로젝트의 세부 과업을 맡기는 형태로 일을 하다 보니 매번 1~2명의 핵심 팀원을 제외하고 다른 팀원들로 교체되었습니다.

이때 발생하는 문제가 있습니다. 바로 서로에 대한 이해 부족이죠. 새로 온 팀원은 PM을 모르고, 동료도 잘 모릅니다. PM도 새롭게 배치된 팀원을 모르기는 마찬가지입니다. 서로에 대한 이해가 부족할 때 생기는 가장 큰 문제는 바로 '일하는 방식의 차이'와 '오해'입니다.

회사의 기본 툴이 있지만, 팀마다 보고서를 작성하는 방법도 다르고, 정보 공유나 회의 스타일도 다릅니다. 또 업무 장소나 협업의 구조 또한 다르죠. 과업을 맡길 때도 문제가 생깁니다. 누가 어떤 경험과 지식이 있는지를 모르는 상태에서 경력과 과거 이력만 가지고 과업을 부여해야 하기 때문입니다.

그래서 발생하는 문제들은 모두 PM의 책임이 되었고, 조직 구조의 문제를 리더가 모두 떠안는 상황이 되었습니다. 결국 리더는 지쳐버렸습니다. 그런데 아주 간단한 방법으로 이 문제가 해결되었습니다. 한 PM이 프로젝트를 시작할 때와 프로젝트를 마무리 할 때 하나의 루틴을 만들어 스탠딩오더가 되도록 했습니다.

[프로젝트 킥 오프]

1. 프로젝트팀 목표와 개인 목표

2. 잘 할 수 있는 영역

3. 학습해야 하는 영역

4. 동료들에게 도움을 줄 수 있는 영역

[프로젝트 피드백]

1. 업무 결과와 팀에 기여한 바

2. 이번 과정을 통해 배운 것

3. 아쉬웠던 부분

4. 다음 프로젝트에 적용할 부분

5. 동료로부터 받은 도움과 지원

이 9가지의 분석은 PM이 운영하는 모든 프로젝트에 적용되었고, 새롭게 합류하는 멤버들도 이 9가지 질문을 고민하고 공유하는 시간을 갖게 되었습니다. 길면 3~6개월의 프로젝트이고, 짧으면 2~3주의 프로젝트에도 적용되었습니다.

그 결과 이 루틴을 진행한 PM의 별명이 생겼습니다. '최고의 프로젝트 경험을 만드는 사람'입니다.

일을 잘하는 것과 최고의 팀이 되는 것은 작은 차이에서 시작됩니다. 그리고 그 차이는 '동료에 대한 호기심'과 '모두가 함께 일하는 방식'에서 나오죠.

비즈니스 오더가 필요한 이유는 '행동과 습관' 때문입니다. 일하는 방식을 바꾸는 것은 어렵습니다. 조직의 인원이 많거나, 성공한 경험이 많거나 경력이 오래될수록 그만큼 견고해지는 것이 행동과 습관입니다. 이를 깨는 방법은 스탠딩 오더 규칙을 정하고, 모두의 우선순위에 올려두는 것뿐이죠. 그렇게 해야 조직과 구성원들의 일하는 방식이 바뀌기 시작합니다.

우리 팀에는 어떤 스탠딩 오더가 있나요? 리더인 내가 없더라도 모든 구성원이 반복하고 있는 비즈니스 습관은 무엇이 있나요?

성과와 성장이 얼라인 된 우리 팀만의 스탠딩 오더를 만들어 가는 리더가 되시길 응원합니다.

10장

공정한 평가와
동기부여를 만드는
열 번째 기회

평가는 팀원의 성장과 성공을 돕는 코치가 되는 시간

평가는 정말 어렵습니다. 직장인들에게는 1년 농사를 마무리하는 시간이자 '나의 1년을 인정받는 시간'이기도 하고, 다음 해 연봉이 결정되는 시간이 되기 때문이죠. 그런데 팀장에게는 더욱 어려운 시간입니다. 1년 동안 모든 팀원이 열심히 했지만, 팀의 성과나 회사의 제도적인 이슈로 모든 팀원에게 A 평가를 줄 수 없기 때문이죠.

조직에서 평가 결과에 만족하는 직원은 10~20%밖에는 없습니다. 만약 회사에서 10%의 직원들에게 A 평가를 줄 수 있다면 A 평가를 받은 직원 외 90%의 직원은 자신을 실패자라고 생각하게 됩니다. B+을 받은 직원도, B와 C를 받은 직원도 스스로는 A 평가를 받을 것이라 생각했기 때문이죠. A 평가를 받지 않은 모든 구성원이 실패자가 되는 시간이 바로 '평가'입니다.

하지만, 평가를 빼고 조직을 운영하거나 팀장의 역할을 설명하기는 꽤나 어렵습니다. 그래서 평가를 잘하는 것은 조직에도, 팀장에게도 너무나 중요합니다.

매년 4분기가 되면 모든 팀장이 평가 교육을 받고 조금 더 나은 평가를 진행하기 위해 노력합니다. 이번 장에서는 성과 평가와 피드백, 면담에 대해서 팀장들이 가장 많이 하는 질문들을 중심으로 설명해 보겠습니다. 자신에게 필요한 것을 적용해 보시면 좋을 것 같습니다.

평가 시즌이 되면 팀장은 머리가 아픕니다. 일주일 아니, 한 달 내내 평가와 관련된 고민으로 출근하기 싫어질 때도 많죠. 그런데 왜 평가를 평가 시즌에만 고민할까요? 팀장들은 이 실패 원인을 왜 매년 반복할까요? 가장 아쉬운 부분은 이것입니다. 평가는 목표 수립 때부터 예측되고, 관리하는 것이어야 하는데 '평가를 평가 시즌에만 준비하는 것'이라고 생각하니 말입니다.

그러면 평가 시즌에 팀장이 가장 많이 하는 고민은 무엇일까요? 2가지만 공유해 보겠습니다.

질문 1. 승진 대상자를 평가하는 방법은 무엇인가요?

"승진 대상자에게 올해 좋은 평가를 줘서 승진을 시키지 않으면 다음 해
에 승진 대상자가 더 많아지게 됩니다. 매년 승진 대상자가 나타나는데,
좋은 평가를 줄 수 있는 인원이 한정되어 있다 보니, 매년 승진 누락이
생기게 됩니다. 우수하지 않더라도 어느 정도 일을 하는 인원이 승진이
되지 않으면 퇴사 가능성이 높아지는 것이 걱정됩니다."

어느 팀장의 고민입니다.

이 고민은 평가 시즌이 되면 현실적으로 느낄 수밖에 없는 것들입니
다. 리더들과 평가와 관련된 이야기를 나누며 들었던 질문인데요.
제가 중요하게 여기는 부분은 '일을 잘하는 팀원, 팀에 기여하는 팀
원들의 동기를 유지하는 것'입니다. 그래서 팀장이 하지 말아야 할
행동 중에 하나는 승진을 앞둔 팀원에게 좋은 평가를 주기 위해, 업
무 능률이 높은 직원에게 좋은 평가를 양보하도록 하는 것입니다.
그렇게 될 경우 팀원들은 '일을 열심히 하지 않아도 승진할 수 있구
나'라는 메시지를 받게 됩니다.

팀장은 이런 고민도 해야 합니다. 어느 정도 일을 하는 팀원이 아
닌, '평가를 제대로 받지 못한 A급 팀원들이 퇴사하면 어떡하지?'라
는 고민 말입니다. 원론적인 이야기지만 승진자의 단순 평가가 아

닝, 승진자의 성과관리를 해야합니다. 올해 승진을 위해 좋은 평가를 받아야 하는 팀원이 있다면 3가지 방법으로 1년 동안 리더의 에너지를 많이 사용해야 합니다.

1. 승진할 수 있는 수준의 목표와 과업 부여
2. 주간/격주간/월간 원온원 대화를 통해 목표에 도달할 수 있도록 지원
3. 잦은 인정과 칭찬, 피드백, 지식/스킬/일하는 방식에 대한 티칭과 멘토링

12월이 되어서 승진자에게 좋은 평가를 주는 것이 아니라, 1월부터 12월까지 승진 대상자들이 좋은 성과를 낼 수 있도록 관리를 해야 하는 겁니다. 이런 시간을 반복하다 보면 조금씩 성장과 성과를 보여주는 팀원들이 늘어날 수 있게 될 거라 생각합니다.

질문 2. 평가 결과를 받아들이지 못하는 팀원과 어떻게 대화해야 하나요?

"평가 피드백 면담을 할 때 자신은 잘했다고 우기면서 제 평가 결과를 납득하지 않는 팀원을 어떻게 설득할 수 있을까요?"

이는 팀장들의 가장 큰 두려움이죠. 제 의견은 심플합니다. '평가는 팀원의 동의와 합의를 구하는 것이 아니라, 회사와 리더가 생각하는 기준을 공유해 주는 것'이라는 겁니다. 팀원은 자신의 기준에서

1년을 평가합니다. 그리고 이 정도면 A를 받아야지, 라고 생각하게 되죠. 그렇게 이야기하는 팀원에게 해 줄 수 있는 말은 2가지입니다.

첫째, 동의하는 말입니다.

'○○님 입장에서 그렇게 볼 수 있을 것 같아요'이죠. 팀원의 생각이 틀린 것이 아니라 팀원의 관점에 동의해 주는 것입니다.

둘째, 리더와 회사의 기준을 공유합니다.

'저는 / 회사는 ○○○ 기준에서 ○○님의 한 해 평가를 B-C라고 생각합니다. 이유는…'을 설명해 주는 것이죠.

평가는 리더의 권한이자 회사의 제도입니다. 권한과 제도는 완벽할 수 없지만, 그 안에서 가장 좋은 결정을 할 뿐입니다. 그 권한과 제도를 팀원이 바꿀 수는 없습니다. 단지 조금 더 공정하게 평가할 수 있도록 리더와 회사에 정보를 공유해 줄 뿐입니다. 평가 면담을 할 때 팀원의 동의를 구하거나 납득시키기보다 어떤 기준에서 평가한 것인지, 리더와 회사가 기대하는 것은 무엇인지를 전달하는 것에 초점을 맞추시면 어떨까요? 그래야 다음 목표가 달라지지 않을까요?

공정한 평가를 만드는
3가지 방법

2004년 처음 신입사원으로 입사했을 때입니다. 부서 배치를 받은 뒤 맡은 바 업무를 열심히 완료했고, 2005년 3월 첫 번째 성과 평가를 받았습니다. 결과는 'C'였습니다. 아직도 기억에 남는 것은 성과 평가 결과와 함께 온 리더의 메시지였습니다.

'신입사원이라서 좋은 평가를 주지 못했어. 내년에는 잘 챙겨 줄께.'

당시에는 그 평가가 당연하다고 생각했습니다. 선배들이 일을 더 잘했고, 결과도 탁월했으니까요. 대신 다음 해부터 열심히 했고, 이듬해부터 A평가를 받게 되었죠.

예전에는 낮은 평가가 나름의 동기 부여가 되어 다음엔 더 잘해야지, 라는 생각을 했습니다. 그런데 요즘에는 낮은 평가는 단순한 동기 부여 이상의 의미가 되기도 합니다. 그래서 무척 어렵습니다. '내 노력의 대가＝평가'가 되었고, '내가 얼마나 중요한 존재인가'를 평가를 통해서 증명받으려는 구성원들이 늘어나고 있기 때문이죠.

이렇게 평가를 논할 때 가장 자주 사용되는 단어가 바로 '공정성'입니다. 그리고 공정성은 3가지로 정리해 볼 수 있습니다.

1. 분배 공정성

자원이나 보상이 구성원들에게 어떻게 분배되는지에 대한 공정성입니다. 보상, 승진, 업무 배치, 평가 등이 개인의 노력이나 기여도에 따라 공정하게 이루어진다고 느낄 때 높은 분배 공정성을 경험하게 됩니다. 구성원들은 자신이 공헌한 만큼의 보상을 받는다고 생각할 때 조직에 대한 신뢰와 만족도가 높아지고, 자신의 일에 더 몰입하게 되기 때문입니다.

2. 상호작용 공정성

구성원들이 다른 사람들로부터 존중과 배려를 받는지, 그리고 필요한 정보가 적절하게 제공되는지에 대한 공정성입니다. 리더가 구성원들을 예의와 존중을 가지고 대할 때, 평과 결과와 관련된 정보를 투명하게 제공받았을 때 공정함을 느낀다고 볼 수 있습니다.

3. 절차 공정성

평가가 내려지는 과정 자체가 공정하다고 느껴지는 정도입니다. 승진 결정이 공정한 기준과 절차에 따라 이루어지거나, 평가와 보상이 투명한 규칙을 따라 진행될 때 구성원들은 절차 공정성을 느낍니다. 절차가 공정하다고 느낄 때, 결과가 다소 불만족스럽더라도 조직에 대한 신뢰를 유지할 가능성이 높아집니다.

첫 번째, 평가 기준과 보상의 기준 '분배 공정성'

'분배 공정성'은 자원이나 보상이 구성원들에게 어떻게 분배되는지에 대한 공정성입니다. 이를 위해 평가의 기준과 원칙, 보상을 명확하게 하고, '누가 A급 평가를 받는가'에 대한 기준이 서야 합니다. 반대로 분배 공정성이 가장 쉽게 무너지는 때가 있습니다. 바로 '승진자를 정하는 시점'인데요. 이때 아주 많은 기업에서, 많은 리더가 실수를 합니다. "이번에는 네가 승진할 차례야"라며 선배들부터 좋은 평가를 주고, 순서대로 승진을 시키는 것이죠.

승진의 목적은 무엇인가요? 누가 승진해야 하나요? 지극히 제 개인적인 관점이지만, 제가 몸담은 회사에서 이 질문에 위와 같은 대답이 나왔다면 저는 '빨리 탈출하자'라고 생각했을 겁니다. 사람들마다 생각이 다르겠지만, 평가에서 공정하지 않은 문화를 가지고 있는 기업은 더 열심히 노력할 필요가 없는 조직이라고 생각합니다. 이렇게 이야기할 수 있는 이유는 일을 하는 목적이 '성장하는 것'이기 때문입니다. 반대로 성장을 막는 모든 것을 저는 회피하려고 합니다.

'평생 직장'이라는 단어가 당연하고, 고성장이 목표인 시대는 로열티로 승진하던 시절이었습니다. 회사에 더 충성하고 회사를 더 사랑하는 직원에게 승진이라는 기회를 먼저 준 이유는 '회사는 어떻게 하든 성장했기 때문'입니다. 누가 리더가 되든 회사가 성장하던 시기에는 그래도 된다고 생각했습니다. 하지만 지금은 성과＝능력, 그리고 능력에 맞는 승진과 보상이 핵심 키워드가 되는 시대입니다. 이를 '분배 공정성'이라고 말합니다.

1. 결과 평가가 아닌, 성과 평가로

성과 평가에서 공정성의 핵심은 결과가 아닌, 기여 관점으로 해석해야 합니다. 결과 평가는 '구성원 개개인이 목표를 달성했는가'를 평가하는 것입니다. 10이라는 목표에 도전한 A가 10을 달성한 것과 20에 도전한 B가 20을 달성한 것이 동일하게 평가되는 것이죠. 결과 평가의 핵심은 '목표를 달성했는가?'라는 달성률로 보기 때문입니다. 그런데 문제가 하나 있습니다. 결과 평가를 하는 조직에서 구성원들은 자신이 평가를 잘 받을 수 있는 목표에 도전한다는 것이죠. 다시 말해, '자신이 쉽게 달성할 수 있는 목표에만 도전'하는 것입니다.

이때 필요한 것이 바로 '성과 평가'입니다. 성과는 '조직에 기여한다'라는 정의를 담고 있습니다. 그렇기에 성과 평가는 '누가 더 조직의 목표와 결과에 기여했는가?'라는 기준으로 평가를 하게 됩니다. 신제품으로 10이라는 매출에 도전해서 10이라는 결과를 만들어 낸 A와 기존 제품으로 20이라는 매출에 도전해서 20이라는 결과를 만들어 낸 B 중 누가 더 조직에 기여한 구성원이 될까요? 핵심은 조직의 목표입니다. 만약 조직의 목표가 매출이었다면 B라는 구성원이 더 큰 기여를 하게 된 것이지만, 조직의 목표가 신제품 출시 및 시장 선점이었다면 결과는 작지만 신제품에 집중한 A가 더 높은 평가를 받을 수 있어야 한다는 것입니다.

이 기준이 모든 구성원들이 알고 있어야 하는 성과 평가의 기준이 됩니다. 자신에게 맡겨진 일을 잘한 것을 넘어서서 조직에 가장 큰 기여를 한 구성원이 누구인가를 알게 하는 것이고, 우리 부서에서 가장 중요한 과업이 무엇인지를 알고 수행하게 하는 것이 분배 공정성입니다.

2. 성과와 역량을 구분해서

또 하나는 성과와 역량을 구분해서 평가하는 것입니다. 성과는 '조직에 기여'라는 기준이 있다면 역량은 '고성과자의 행동 특징'이라는 기준이 있습니다. 예를 들어 영업부에서 1년 동안 매출 10억을 달성한 A와 휴직 후 복직해서 6개월 동안 근무하면서 7억의 매출을 달성한 B라는 직원이 있습니다. 둘 중 누가 더 탁월한 평가를 받아야 할까요?

이때 성과와 역량을 구분해 볼 수 있습니다.

1) 성과를 기준으로 A가 높은 평가를 받는다

성과는 조직의 기여입니다. 영업부의 목표였던 매출에 1년이라는 성과 평가 기간 동안 가장 큰 기여를 한 인원은 A입니다. 10억이라는 결과를 냈기 때문이죠. 성과는 회사의 성과 평가 기간 동안 누가 조직에 가장 큰 기여를 했는가로 판단합니다. 이때 근무 일수는 변수가 되지 못하고 오로지 결과의 크기와 결과물에 대해서만 판단합니다.

2) 역량을 기준으로 B가 더 높은 평가를 받는다

역량은 조금 다릅니다. 기간만 따져볼 때 누가 더 일을 잘하는 구성원이었을까요? 동일한 1년을 일하게 된다면 누가 더 고성과자가 될 수 있을까요? B입니다. 그래서 역량 평가는 B가 조금 더 높은 평가를 받게 되는 것이죠.

3) 내년에는 B가 더 어렵고 중요한 과업을 맡을 수 있다

이제 내년 성과 목표를 세팅할 때가 되었습니다. A와 B 중 누가 더 중요한 과업을 맡아야 할까요? 다음 해 같은 기간을 일한다고 볼 때 가장 높은 기여를 할 수 있는 구성원이 중요한 과업을 맡을 수 있게 됩니다. 그래서 저는 B에게 가장 중요한 과업을 줄 수 있다고 생각합니다. 하지만 여기에 변수가 있죠. 바로 A라는 구성원의 잠재 역량이 높거나, 의도적으로 A라는 구성원을 키워야 할 때는 A에게 가장 중요한 과업을 줄 수도 있습니다. 이 또한 조직의 기준으로 명시되어 있다면 분배 공정성에 맞는 의사 결정이 될 것입니다.

두 번째, 평가, 피드백 과정에서의 존중을 결정하는 '상호 작용 공정성'

상호 공정성의 핵심 키워드는 '존중'과 '정보 공유'입니다. 성과 평가와 면담 과정에서 '존중받았나?', '투명하게 정보가 공유되었나?'라는 메시지를 주는 것이죠. 이를 위해 회사는 '자가 평가$^{Self\ review}$'를 먼저 실행하고, 그 결과를 바탕으로 리더가 추가 의견을 첨부하는 형태로 평가를 진행합니다. 개인의 의견을 먼저 듣는다는 의미이죠. 이때 '팀원이 생각하는 자신의 평가와 근거를 끝까지 들어주는 것'도 필요합니다. 인정과 칭찬, 그리고 끝까지 듣고 난 이후의 피드백이 존중을 보여주는 행동이 되는 것이죠.

마지막으로 성과 평가 면담에서 리더가 해야 할 말과 하지 말아야 할 말들이 있습니다.

1. 하지 말아야 할 말

성과 평가 면담에서 자주 발생하는 최악의 리더십이 있죠. 그것은 바로 '책임을 회피하는 것'입니다. 바로 이런 말은 절대 하시면 안 됩니다.

> "팀장인 나는 좋은 평가를 줬는데, 본부장님이 나에게 말도 안 하고 낮춰서 줬어. 미안해."

평가에 대해 팀장들도 당황스럽기는 마찬가지입니다. 팀원에 대해 가장 잘 알고 있는 자신이 A를 줬는데 팀원과 직접 일을 해 보지도 않은 본부장님이 B로 평가 등급을 낮추고 이유도 이야기해 주지 않으니까요.

상위 리더가 평가를 조정하는 것을 '칼리브레이션^Calibration'이라고 합니다. 즉, 평가 등급 조정 작업인데요. 칼리브레이션의 핵심은 '조금 더 공정하기 위해 회사 기준에서 평가 등급을 조정하는 것'입니다. 팀장은 팀 관점에서 팀원들을 평가합니다. 우리 팀에 가장 큰 기여를 한 직원에게 좋은 평가를 주는 것이죠. 이것은 팀장의 권한입니다. 하지만, 본부장은 여러 팀이 모인 본부 관점에서 평가하게 되죠. 즉, 어느 팀원이 우리 본부에 가장 큰 기여를 했는가, 라는 관점에서 평가를 조정하게 되는 것입니다.

이유가 뭘까요? 바로 팀 간의 레벨 차이를 맞추고, 팀장들 간의 다른 평가 기준을 맞추기 위해서입니다.

A팀과 B팀의 난이도가 다르고, 팀장들의 기준도 다를 수밖에 없기 때문에 A와 B팀을 하나로 보고 '누가 더 난도 있었는가?(우리 본부에 더 큰 영향을 주었는가?)'라는 높은 기준으로 평가를 조정하게 되는 것이죠. A팀에서 잘했다고 평가받던 팀원이 B팀에서 '보통 수준'의 평가를 받은 팀원보다 더 낮은 평가를 받는 이유이기도 합니다.

그런데 이런 칼리브레이션 이후, 팀장이 평가 면담에서 '나는 A를 줬는데, 본부장님이 B로 낮췄어."라고 말하는 것만큼 위험한 발언은 없습니다. 칼리브레이션에서 평가가 올라갔든, 또는 내려갔든 팀장이 해야 하는 것은 3가지입니다.

첫째, HR과 상위 리더에게 평가 등급이 달라진 이유와 기준을 명확하게 전달받아야 합니다.

둘째, HR과 상위 리더에게 팀장인 자신이 평가한 기준을 한 번 더 설명하고, 바뀐 평가와 기준을 팀원에게 공유해야 합니다.

셋째, 팀장인 내가 어떤 평가를 주었는지를 말하기 보다, "회사 관점에서 ○○○ 기준으로 B라는 평가를 했다."라며 평가의 기준을 공유하고, "○○님이 기대하는 A 평가를 위해서 다음해에 ○○○이라는 목표에 도전해 보면 좋겠다."라며 평가의 기준과 목표를 얼라인해서 이야기를 나누는 것입니다.

이 대화를 한다고 해서 팀원이 평가를 동의하는 것은 아닐 겁니다. 하지만 명확한 평가의 기준을 통해 평가 결과에 저항하는 마음이 조금은 줄어들 수 있습니다. 그리고 이 대화를 통해서 팀장은 자신의 리더십을 조금은 더 성장시킬 수 있습니다.

[그밖에 리더가 하지 말아야 할 말]

• **기준이 없는 평가**

  "올해 신입 / 경력으로 입사했으니까."

  "올해 휴직하고 복직했으니까."

• **지키지 못할 약속**

  "내년에 잘 챙겨 줄께요."

• **팀원 비교**

  "B님과 A님 중에 누가 더 잘했다고 생각해요?"

  "B님은 우리 팀에서 누가 S평가를 받아야 한다고 생각해요?"

- **강제적 공감 유도**

"나도 이번에 C를 받았어요."

"○○○님만 그런 거 아니에요. 다 똑같이 힘들어요."

2. 꼭 해야 할 말

한 회사의 성과 평가 면담 만족도가 4.4점(5점 만점)이 나온 적이 있었습니다. 성과 평가 면담에서 이 정도의 만족도를 올렸던 회사가 없었는데요. 당시 팀원들은 주관식 피드백에서 이런 표현을 많이 했습니다. '리더가 나에게 이 정도로 관심을 가지고 있었을 줄은 몰랐다', '구체적으로 나에게 기대하는 것이 무엇인지, 내가 무엇을 해야 하는지 알게 됐다'.

이 회사의 리더들은 성과 평가 면담에서 어떤 말을 주로 했을까요? 그것은 바로 팀원의 성장과 성공을 위하는 말이었습니다. 결과뿐만이 아니라, 과정을 인정하고 칭찬하는 말, 향후 기대하는 목표, 팀원의 의견에 반박하지 않고 동의해 주는 표현 등이 그에 해당합니다.

존중받았다는 느낌을 주는 몇 가지 장치를 공유해 봅니다.

첫째, 셀프 피드백을 먼저 이야기하고, 리더가 그의 의견을 경청합니다. 이때 중요한 것은 부정하는 것이 아니라, "○○ 님 관점에서는 그렇게 생각할 수 있을 것 같아요."라고 표현하는 것이죠. 즉, 부정의 언어가 아닌, 나는 조금 다른 관점이 있다,라고 표현하는 것입니다.

둘째, "나도 한 가지 피드백을 해도 될까요?"라고 리더가 피드백을 전하기 전에 팀원에게 이야기해도 될지 물어보는 것이죠. 이때, "하지 마세요."라는 말을 하는 팀원은 거의 없습니다. 재밌는 것은 이렇게 허락을 구하는 표현을 하게 되면 수용도가 아주 살짝 올라간다는 것이죠.

셋째, 가능한 판단하는 질문보다 '중립 질문'을 사용해 봅니다. "왜 안됐다고 생각해요?"라는 말에는 이미 '안됐다'라는 평가가 포함되어 있죠. 대신에 "○○○에 대해서 긍정적인 부분과 부정적인 내용을 2가지 정도씩만 공유해 줄래요?"라고 표현해 보는 것이 좋습니다.

넷째, "어려운 평가 피드백을 솔직하게 대화해 줘서 고마워요."라고 감사를 표현하는 것과 함께 평가가 좋든 좋지 않든, 내가 했던 일의 결과물과 그 영향을 팀과 리더 관점에서 공유해 주는 것입니다. 세상에 가치 없는 일은 없으니까요. 작은 의미를 부여한 이후, 더 기대하는 영향을 공유해 주면 좋습니다.

다섯째, 평가 피드백 대화를 나누기 전과 후에 "피드백은 맞다, 틀리다를 이야기하는 시간이 아니라, ○○○님 관점과 팀장인 제 관점에서 성과와 기여를 이야기하는 시간이에요."와 같은 표현을 해 보면 좋습니다.

세 번째, 평가와 피드백 과정에서 느끼는 '절차 공정성'

절차 공정성은 '평가 과정에서의 공정성'을 의미합니다. 즉, '평가 절차가 공정했는가'라는 관점에서 평가 결과를 바라보게 되는 것입니다. 간단한 질문을 한번 해 보겠습니다. '리더 혼자서 평가할 때와 동료 평가가 반영된 평가를 할 때', '개인의 셀프 평가를 바탕으로 평가할 때와 리더가 근거 없이 최종 평가만을 할 때', '평가를 1번 할 때와 2~4번 할 때' 우리는 어떤 절차가 공정하다고 느낄까요? 바로 이 차이를 인지했다면 절차 공정성이 어떤 결과를 가져오는지 알게 되실 겁니다.

평가 기준을
지키고 있는가

절차 공정성의 핵심은 '회사의 평가 기준에 맞춰서 평가를 했는가?'로 시작합니다. 회사마다 평가 기준이 상이합니다. 상대 평가와 절대 평가가 있고, 성과/역량/리더십 평가가 있습니다. 어떤 회사는 리더가 혼자서 평가하는 경우도 있지만, 동료 간의 360도 다면평가를 진행하는 곳도 있죠.

제가 한 해 평균 평가와 평가 절차에 대한 강의와 워크숍을 진행한 기업이 50여 곳이 넘습니다. 그런데 동일한 방법으로 평가를 진행하는 곳은 단 한 곳도 없더라고요. 회사마다 '어떤 인재를 에이스로 평가하는가'에 대한 기준이 다르기 때문입니다. 그래서 절차 공정성의 핵심은 '회사의 평가 제도를 가능한 공정하게 만드는 것'이고, 두 번째는 '회사의 평가 제도에 맞게 리더가 평가를 진행하는 것'입니다.

단, 명심해야 할 것은 '완벽한 제도는 없다'는 것을 회사의 모든 구성원이 인지하는 것입니다. 공정성이 어려운 이유가 여기에 있는데요. 상대 평가의 장점은 '누가 최고의 에이스인가?'를 찾을 수 있다는 것입니다. 비율에 따라 구성원들을 조직에 가장 크게 기여한 사람 순으로 줄 세울 수 있기 때문에 목표를 수립할 때 구성원들은 가장 중요하고 어려운 일을 맡으려는 경향이 생기기도 합니다. 그런데 약점이 있습니다. 개인의 역량 성장을 객관적으로 보지 못하고 동료 간의 경쟁을 유발할 수 있다는 것입니다. 아무리 탁월한 성장과 성공을 했다 하더라도 옆에 있는 동료가 더 잘하게 되면 자신의 평가가 밀릴 수 있기 때문이죠. 이렇게 되면 동료의 성장과 성공을 응원하기보다는 실패를 응원할 수밖에는 없죠.

이에 절대 평가를 진행하는 기업들이 생겨나기 시작했습니다. 직원 개개인의 기대와 성과 결과를 비교하며 '기대 초과', '기대 충족', '개선 필요'라는 관점에서 바라보는 것이죠.

절대 평가는 개개인의 성장과 성공을 응원할 수 있는 반면, 더 좋은 평가를 받기 위해 자신의 목표를 낮추려고 하는 경향이 보이기도 합니다. 낮은 목표에 도전하면 달성률이 올라가 좋은 평가를 받을 수 있거든요.

또 절대 평가에서는 리더의 관점이 가장 중요합니다. 팀원 개별의 '기대'와 '결과'를 비교하며 평가하는 사람이기 때문이죠. 그래서 친밀한 팀원을 좋게 평가하는 근접 평가의 오류 등 다양한 평가 오류들을 줄이는 장치들이 필요합니다.

평가에 정답은 없습니다. 다만 우리 회사에 맞는 평가 제도를 끊임없이 고민하는 것이 필요하고, 그 평가 제도가 올바른 절차에 따라 운영될 수 있도록 철저히 검토해야만 합니다. 지금부터는 평가 제도를 조금 더 공정하게 만드는 절차들을 몇 가지 공유해 보겠습니다.

첫 번째, 다면 피드백과 공유회

'다면 피드백'은 흔히 '동료 피드백'이라 부릅니다. 일반적으로 평가 프로세스는 '자기 평가', '1차 리더 평가', '2차 리더 평가'로 이루어져 있습니다. 여기에 동료들의 관점이 포함되는 것이죠. 다면 피드백을 하게 될 경우, 장점은 '리더가 보지 못하는 부분을 다른 팀원들의 관점을 통해 볼 수 있다'는 것입니다. 많은 리더가 '팀원에 대해서는 내가 가장 잘 알고 있어'라는 착각을 하게 되는데요. 이 경우 말을 잘하거나 정치를 잘하는 팀원이 더 높은 평가를 받게 되기도 합니다. 그래서 동료들의 피드백을 근거로 리더가 보지 못한 부분을 찾는 시간이 필요한 것이죠.

다면 피드백에서 사용할 수 있는 질문을 몇 가지 공유해 보겠습니다.

- ○○님이 가진 강점은 무엇인가?
- ○○님이 팀과 동료에게 가장 큰 영향을 끼치는 행동과 결과물은 무엇인가?
- ○○님이 더 성장하기 위해(팀과 동료에게 더 영향력을 확장하기 위해) STOP(그만), START(시작), CONTINUE(계속)해야 할 행동은 무엇인가?

다면 피드백과 유사한 방법으로 '공유회'가 있습니다. '공유회'는 분기별로 활용하는 것을 제안하는데요. 매분기마다 팀원들이 아래 4가지 질문에 대해 스스로 기록하고 동료와 공유하는 시간을 갖는 것입니다.

- 나의 목표와 결과는 무엇인가? / 팀에 어떤 긍정적 영향을 주었는가?
- 이 결과를 만드는 과정에서 나는 어떤 성장, 배움이 있었는가?
  (지식, 스킬, 툴, 일하는 방식 등)
- 동료의 성장과 성공에 어떤 도움을 주었는가?
- 다음 분기 나의 목표와 기대하는 성장은 무엇인가?

다면 피드백과 공유회가 절차적으로 조금 더 공정하다고 느끼는 이유는 '객관화'때문입니다.

모든 사람의 관점은 주관적입니다. 내가 나를 볼 때도 그렇고, 남을 바라볼 때도 내 지식과 경험, 성격과 가치관 등 나만의 주관적인 관점에서 바라볼 수밖에 없습니다. 하지만 공정성은 '타인과 비교하는 것'입니다. 이 과정에서 타인의 관점을 다양하게 접하다 보면 나와 비슷하거나 다른 점을 찾아낼 수 있게 되고, 내 결과와 역량 수준을 내 기준이 아닌, 타인의 기준으로 바라볼 수 있습니다.

두 번째, 칼리브레이션^{Calibration}

앞서 살짝 언급한 바 있는 칼리브레이션은 성과 평가 과정에서 공정성과 일관성을 확보하기 위해 평가자 간의 기준을 조정하고, 평가 결과를 논의 및 조정하는 과정을 말합니다. 1차 평가 또는 2차 평가가 끝나고 나서 평가 회의를 진행하게 되는데요. 1, 2차 평가자의 평가 근거를 바탕으로 평가 등급이 올바르게 적용되었는지를 판단하는 회의인 것이죠. 칼리브레이션을 통해서 높은 평가를 받은 팀원의 평가가 낮아질 수도 있고, 반대로 평가가 상향 조정될 수도 있습니다.

칼리브레이션을 하는 가장 큰 이유는 평가자 간의 주관적 편향을 줄이고, 평가의 신뢰도를 높이기 위함입니다. 기준이 높은 리더와 낮은 리더는 팀원의 평가에서도 다르게 적용됩니다. 또한 일부 구성원들에 대한 편향을 줄이는 장치이기도 하고, 부서의 업무 난이도와 회사에 기여한 영향력을 판단하는 기준이 되기도 합니다. 과업의 난도가 낮은 부서의 A 평가와 과업의 난도가 매우 높은 부서의 A 평가가 다르다는 의미이기도 하고, 팀이 아닌, 회사와 본부라는 더 큰 조직의 관점에서 기여도를 판단하는 기준이 되기도 합니다. 결과적으로 칼리브레이션은 회사 관점에서 누가 더 탁월한 구성원인가를 공정하게 보기 위한 장치이죠.

칼리브레이션에도 몇 가지 과정이 있습니다.

평가 결과와 근거에 해당하는 자료 준비하기, 1, 2차 평가자의 평가 소견 듣기, HR 또는 상위 조직장이 평가를 변경하고 싶은 구성원에 대한 수정 평가 기준 공유 및 합의입니다.

이때 상위 조직장의 의견이 무조건 받아들여지는 것은 아닙니다. 1, 2차 평가자가 추가 의견을 개진하면서 합의하는 과정을 갖는 것이죠.

칼리브레이션에서 가장 중요한 것은 '평가의 기준'과 함께 '타 동료와의 성과 비교'를 합의하는 것입니다. 이때 기준은 팀이 아닌 더 큰 상위 조직이 되어야 하겠죠.

세 번째, 이의제기와 챌린지

평가 '이의제기' 제도는 직원이 성과 평가 결과에 대해 공정성에 의문을 제기할 수 있는 공식적인 절차입니다. 제가 있었던 조직에서는 '챌린지'라고도 불렀는데요. 구성원이 자신이 생각하는 평가와 회사에서 부여한 평가가 상이할 경우 다시 한번 평가해달라고 요청하는 제도입니다. 이의제기를 하게 될 경우 구성원은 자신의 평가 근거를 다시 정리하고 제출하면서 자신의 결과와 기여를 다시 평가해 달라고 요청합니다. 이는 상호작용 공정성에서 이야기하는 구성원에 대한 존중으로도 불릴 수 있습니다.

이의제기는 보통 구성원들이 리더와의 '성과 평가 피드백 원온원'을 마치고 나서 진행됩니다. 그렇게 이의제기를 한 구성원들은 추가로 이의제기의 구체적인 이유와 관련 자료(성과 데이터, 목표 달성 기록 등)를 준비하고 제출합니다. 그리고 평가 위원회는 다시 한번 그 자료를 검토하며 오류가 있었던 부분을 살펴보기 시작하죠.

이의제기에서 중요한 것은 '근거 기반으로 평가한다', '신속하게 재평가한다', '이의제기를 한 구성원에게 보복하지 않는다'입니다. 그리고 1차 평가자인 팀장도 이의제기를 한 팀원의 자료 정리를 도와주며 조금 더 영향력을 행사할 수 있게 됩니다. 반대로 평가를 피드백하지 않고 '이의제기를 하라'며 팀원들을 부추기는 행동을 하게 될 경우 리더십을 상실하게 된다는 부분을 꼭 기억해 주셨으면 좋겠습니다.

네 번째, 분기 성과 평가 중간 피드백

지금까지 내용만 보더라도 성과 평가와 피드백은 꽤 어렵습니다. 정답도 없죠. 그렇기에 대부분의 조직과 리더들이 하는 실수가 있습니다. 바로 '성과 평가를 연말에만 준비하는 것'입니다. 1년을 모두 기억하는 사람은 없습니다. 최근 것을 기억하거나, 긍정적인 부분만을 기억하거나 큼지막한 결과 일부만을 기억하는 경우가 대부분이죠. 또 다른 문제가 있습니다. 연말 평가를 받고 나서 일하는 방식에 변화를 줄 수 있는 시간은 내년이 될 수밖에 없을 겁니다.

이에 제안 드리는 것은 분기별로 성과 평가 중간 피드백 과정을 통해서 성과 평가 예령을 걸어주는 것입니다. '이렇게만 하면 연말에 좋은 평가 or 나쁜 평가를 받게 될 거야'라는 것을 팀원들이 예측할 수 있도록 말입니다. 수시 평가와 다르게 성과 평가 중간 피드백은 성과를 기준으로 대화를 나눕니다. 아래 질문들을 통해서 성과와 결과, 그리고 그 과정에서의 긍정, 부정적 요인들을 찾아보면 좋겠습니다.

- 올해 목표가 무엇인가? 현재까지 결과는 어떤가?
- 현재까지 진행 과정과 결과에 대해 긍정적인 부분은 무엇인가? 우려되는 부분은 무엇인가?
- 어떤 과정이 결과에 긍정적 or 부정적으로 영향을 주었는가?
- 다음 분기, 목표에 변화를 가져볼 것은 무엇인가?
- 어떤 학습과 지원이 필요한가?

다섯 번째, 상시 성과 관리

마지막은 상시 성과 관리입니다. 이는 주간, 격주간, 월간 원온원이라고 할 수 있는데요. 분기 성과 평가 피드백 대화의 경우는 목표를 중심으로 결과와 과정을 주제로 한다면, 상시 성과 관리에서는 팀원이 리더와 하고 싶은 대화 주제를 선정한다는 차이점이 있습니다.

상시 성과 평가 피드백은 수시로, 정기적으로 대화를 나누기 때문에 조금 더 작은 단위의 이야기를 할 수 있다는 장점이 있습니다. 또한 팀원에 대한 정보가 늘어나고, 팀원이 필요로 하는 아주 작은 응원을 수시로 할 수 있죠. 실제 저 또한 새로운 업무나 어려운 업무를 맡게 될 경우 아주 사소한 궁금증과 장애물을 해결하지 못해 전전긍긍하던 때가 있었습니다. 그런데 이런 이슈들은 리더에게는 아주 쉬운 문제였다는 것을 고민을 털어놓는 시간을 통해서 알게 되었습니다. 그러니 팀장들은 팀원들과 자주 만나 그들의 고민을 듣는 시간이 필요합니다.

- 현재 업무를 수행하며 발생한 장애물과 어려움은 무엇인가? 어떤 변화와 지원이 필요한가?
- 현재 과업의 진척도와 긍정적인 부분은 무엇인가?
- 배우고 싶은 스킬, 지식, 툴, Best practice는 무엇인가?
- 협업에서 갈등 관계인 동료는 누구인가?

평가에서 절차 공정성의 핵심은 '평가가 서프라이즈가 되지 않도록 한다'입니다. 즉, 구성원들이 자신의 평가를 어느 정도는 예측할 수 있어야 한다는 것이죠. 자신의 평가를 예측하게 되면 수용 가능성이 올라가고, 자신의 평가를 수정하기 위해 과정을 바꿀 수 있는 노력을 선택할 수 있기 때문입니다.

성과 평가 피드백 면담의
3가지 프로세스

평가 면담을 할 때 팀장들이 하는 실수가 있습니다. '평가 결과와 등급만 이야기하는 것'입니다. 그래서 평가 면담을 준비할 때 준비해야 할 부분이 있습니다. 평가, 피드백 그리고 피드 포워드입니다.

1단계 : 평가
평가는 크게 3가지로 구분해야 합니다.

1) **결과 평가** : '팀원의 목표가 무엇이었는지 그리고 결과는 어떠한지'에 대해서 잘한 부분과 부족했던 부분을 찾습니다.

2) **성과 평가** : 팀원의 결과가 팀과 회사에 어떤 기여와 영향을 주었는지를 확인합니다.

3) **역량 평가** : 전년과 비교해서 얼마나 성장했는지 비교해 줍니다.

결과만 들은 구성원들은 내년에 더 좋은 평가를 받기 위해 쉬운 목표, 내가 잘 아는 목표에 도전하려 합니다. 그런데 이런 행동이 반복될 때 조직은 망하기 쉽습니다. 쉬운 목표가 구성원들을 느슨하게 만들어 버리거든요. 그래서 성과 평가가 중요합니다. 바로 조직에 기여할 어렵고 새로운 목표에 도전할 수 있게 해 주기 때문입니다.

2단계 : 피드백

피드백은 1년 동안 결과물을 만들어 온 다양한 행동과 일하는 방식 중에 좋았던 것과 개선이 필요한 부분을 구분하는 시간입니다. 업무의 과정에 집중해 대화를 나누는 것이죠. 만약 매출 10억이라는 결과가 나왔다면 '10억의 매출을 끌어 올리는 데 효과적인 방법, 전략, 업무 방식은 무엇인지', '이전과 다르게 도전, 시도했었던 방식 중에 의미 있는 결과가 나왔던 방식은 무엇인지'. '내년에 다시 해 보고 싶은 전략은 무엇인지'와 같은 질문을 통해 알아낼 수 있습니다.

또 부족하거나 개선이 필요한 부분도 찾을 수 있는데요. '실행하지 못한 것은 무엇이고, 이유가 무엇인지', '예상했던 결과가 나오지 못했던 전략은 무엇이고 원인은 무엇인지', '수정해 보고 싶은 부분은 무엇인지', '가장 아쉬웠던 부분은 무엇인지' 등의 질문으로 찾아볼 수 있습니다.

3단계 : 피드 포워드

결과와 성과, 잘했던 방법과 개선이 필요한 방법을 두루두루 정리했다면 이제는 내년을 준비하는 피드 포워드 대화를 나눠야 합니다. 이때 기대하는 목표와 함께 실행하고 싶은 행동, 전략을 찾아볼 수 있는데요. 다음과 같은 질문을 해 보면 좋습니다.

- 내년에 도전해 보고 싶은 목표는 무엇인가? 그 목표가 팀과 회사에 어떤 기여를 할 수 있을까?
- 그 목표는 올해 목표와 비교해 볼 때 어느 정도의 난도가 있는 목표인가?
- 그 목표를 달성하기 위해 올해와 다른 업무 방식은 무엇인가?
  (Stop 그만할 행동, Start 새롭게 시작해야 할 행동, Continue 계속해야 할 행동)

평가가 평가로 끝나게 되면 대부분은 '실패자'라는 느낌을 받게 됩니다. A 평가를 받은 팀원도 B 평가를 받은 팀원도 실패했다고 생각할 수 있습니다. 이유는 무엇일까요? 바로 A 평가를 받은 구성원은 S 평가를 받을 걸 기대했을 수 있고, B 평가를 받은 팀원은 A 평가를 받을 거라 기대했을 수도 있죠. 또 리더에게 본인이 인정할 정도의 충분한 인정을 받지 못했을지도 모릅니다.

공정성에 정답이 없는 이유는 공정성의 기준이 내가 아닌, 타인이기 때문입니다. 이 부분은 정의에서도 찾을 수 있는데요. '타인과의 형평성에 대해 차별받지 않은 느낌'이 바로 공정성의 정의입니다. 그래서 더 어렵습니다. 기준이 계속해서 바뀌기 때문이죠.

평가의 공정성을 볼 때 '내가 얼마나 잘했는가'보다 옆에 있는 동료와 비교하게 되고, 다른 회사와 비교하게 되는 것이죠. 그래서 어렵습니다. 나에 대해서는 내가 잘 알고 있지만, 동료와 타 회사에 대해서는 정보가 그리 많지 않기 때문입니다. 그래서 비교할 때 '과정, 노력, 변화' 등에 대한 부분보다 '결과와 보상' 관점에서 주로 비교를 할 수밖에 없습니다.

평가의 공정성을 조금이라도 확보할 수 있다면 리더로서 구성원의 동기 부여에 조금은 더 긍정적인 영향을 미칠 수 있습니다.

평가 결과에 대해 모든 구성원에게 동의를 얻을 수도 없고, 합의를 구할 수도 없습니다. 그리고 성과 평가를 이미 마치고 나서 공정함을 논할 수도 없겠죠. 공정함은 일상에서부터 나와야 하는 업무 습관이자 의사 결정의 기준이 되어야 합니다. 그때 비로소 구성원들은 평가에 대해 조금 더 수용하는 태도를 보이게 될 겁니다.

평가가 성장으로 연결되는 방법은 간단합니다. 평가, 피드백 그리고 피드 포워드까지 연결해서 팀원의 이야기를 끝까지 들어보고 리더의 의견도 솔직하게 전달해 보는 것이죠. 누군가의 말이 정답이 아니라, 서로의 관점과 기준을 공유하며 '나는 ○○○이라고 생각하는데, 어떻게 생각해요?'라는 대화 말입니다. 이에 대한 내용은 저의 다른 저서인『평가보다 피드백』에 많이 담아 놨습니다. 읽어보시면 도움이 될 겁니다.

에필로그

'일상에서 보여주는 리더의 행동'이 리더십입니다

회사가 리더십 학습을 통해 팀장에게 기대하는 것은 무엇일까요? 또 리더십 책을 읽으면서 독자는 어떤 기대를 할까요?

강의나 코칭을 숱하게 해왔지만, 몇 번의 교육으로 리더십이 드라마틱하게 바뀐 사례는 매우 적습니다. 리더십은 단지 교육만으로 바뀌는 것이 아니기 때문입니다. 리더십 변화에 가장 큰 요인은 '영향력'입니다.

과거에는 성과를 내는 리더가 탁월한 리더였습니다. 그래서 일하는 방식이나 판매 채널, 제품의 변화를 줄 수 있는 리더, 조직에 없는 인사이트를 찾아서 실행할 수 있게 해 주는 리더가 인정받았습니다. 지금도 이 관점이 많이 달라지지는 않았지만, 이 부분을 교육으로 해결하기는 어렵습니다.

대신 '영향력'이라는 키워드가 리더십에서 중요한 관점이 되어가고 있습니다. 팀원, 동료 그리고 상사에게 긍정적인 영향을 주는 사람을 '함께하고 싶은 리더'라고 부르기 시작했고, 탁월한 성과를 내더라도 주변 사람들의 에너지를 빼앗거나 동기를 잃게 만드는 리더는 '멀리하고 싶은 리더'가 되어버렸습니다.

리더십과 마찬가지로 교육으로 영향력을 바꾸는 것은 어렵습니다. 코칭도 마찬가집니다. 제가 교육과 코칭으로 기대하는 것은 '일상에서의 말과 행동의 변화'입니다.

'리더가 영향력을 발휘하기 시작한다'는 말은 전문성과 함께 일상생활에서 자주 하는 말과 행동이 무엇인가에 따라 달라졌다는 이야깁니다. 원온원을 위해 미리 학습한다고 해도 팀원의 진짜 이야기를 꺼내도록 하는 방법은 단순한 '원온원 스킬'이 아니라 '평상시 그들의 일과 성장에 관심을 갖고 있는가'입니다.

만약 어떤 직원이 리더의 솔직한 피드백을 받지 못했다면 어떤 태도를 보일까요?

제가 '나만의 리더십'을 찾는 한 팀장에게 위와 같은 질문을 드린 적이 있습니다. 그분은 팀원에 대한 피드백을 고민하고 계셨습니다. 물론 많은 팀장이 '머리로는 솔직하고 담백한 피드백을 주고받고 서로의 성장을 돕는 모습'을 그립니다. 하지만 거의 본능적으로 불편한 상황을 피하고 있습니다. 팀원 입장에서 솔직한 피드백을 받지 못하면 불이익이 참 많습니다. 하지만 팀장에게는 이런 상황이 차라리 속 편합니다. 마음에 안 드는 부분을 꺼내서 껄끄러워지느니 본인이 직접 하면 되니까요. 쓸데없이 불편한 상황을 마주하고 싶지 않거든요.

이처럼 팀장이 피드백을 불편하다고 여기게 되면 당연히 회피하게 됩니다. 저도 그랬습니다. 특히, 내가 여유가 없을 때는 가능한, 최대한 피합니다.

하지만 어느 순간 '솔직한 피드백을 외면하게 되면 성장의 기회를 놓치게 되는 것'이라는 생각이 들기 시작했습니다. 그때 그 팀원이 진심 어린 피드백을 받았다면 변화의 기회를 얻었을지도 모릅니다. 사소한 피드백을 전하지 못해 쌓이고 쌓여 결국 곪아 터지는 사람들을 많이 봤습니다. 리더와 동료들은 문제가 있는 팀원으로 인해 힘들어했고, 생산성은 떨어졌습니다. 설상가상으로 피드백을 받아 본 적이 없는 팀원은 스스로 잘하고 있다고 생각했습니다. 결국 참고 참은 리더가 마지막으로 피드백을 줬을 때 그는 이렇게 반문했습니다.

"왜 미리 이야기해 주지 않으셨나요?"

피드백이 성장을 위한 일상적인 업무가 아니라, 쇼이자 이벤트 그리고 서프라이즈가 되는 순간이죠. 그리고 피드백을 준 사람의 신뢰가 사라지는 순간이 되기도 합니다.

진정성 있는 리더십은 중요합니다. 그리고 그 진정성은 '일상'에서 자주 마주치며 일관성이 있을 때 얻게 됩니다.

리더가 영향력 있는 리더십을 학습한다는 말은 당장 내일부터 새로운 리더십을 발휘한다는 뜻이 아닙니다. 가장 중요하게 생각해야 할 것은 '일상 속에서 내가 어떤 말과 행동을 하고, 내 시간을 어떻게 사용할 것인가?'를 고민하고 실행하는 것입니다.

"리더십은 일상에서 보여주는 것입니다."

한 권의 책으로 리더의 말과 행동을 바꾸는 것은 쉽지 않습니다. 하지만 한 권의 책을 통해 리더가 자신의 일상을 돌아보게 하는 것은 가능하죠. 이 책이 세상의 모든 팀장들에게 작은 일상을 변화시키는 마중물이 되었으면 좋겠습니다.

팀장에게 주어진 10번의 기회

초판 1쇄 인쇄 2025년 3월 20일
초판 1쇄 발행 2025년 3월 29일

지은이 백종화

기획 이유림
편집 정온지
마케팅 총괄 임동건
마케팅 안보라
경영지원 임정혁 이순미

펴낸이 최익성
펴낸곳 플랜비디자인

표지 디자인 스튜디오 사지
본문 디자인 박은진

출판등록 제2016-000001호
주소 경기도 화성시 동탄첨단산업1로 27 동탄IX타워 A동 3210호

전화 031-8050-0508
팩스 02-2179-8994
이메일 planbdesigncompany@gmail.com

ISBN 979-11-6832-164-9 (03320)